Manfred Pienemann

Die gefährlichste Marmelade der Welt

Manfred Pienemann

Die gefährlichste Marmelade der Welt

Berichte aus der finnischen Wildnis
... und sechs Lektionen über die Finnen

Heiner Labonde Verlag

Jälleen Helenalle

© Heiner Labonde Verlag, Grevenbroich 2013
Alle Rechte vorbehalten
Fotos: H. Virtanen
Cover: JP. Huss
ISBN 978-3-937507-36-1

Gestaltung: Antje Zerresson, Pada ri GmbH, Essen
Printed in Germany

Vorwort

Obschon in der heutigen Welt der Kontakt mit anderen Kulturen in vielen Berufen normaler Alltag ist, so bleibt doch das Kennenlernen einer fremden Lebensweise oft oberflächlich, wenn sich Menschen nur für kurze Zeit begegnen und das auch ausschließlich aufgrund der Arbeit. Ein tieferes Verständnis der neuen Kultur setzt das Einleben in das entsprechende Land ebenso voraus wie das Erlernen der Sprache und den Aufbau eines sozialen Netzwerkes. Bekanntlich nennt man diesen Prozess Akkulturation. Eine hervorragende Grundlage dafür entsteht durch enge freundschaftliche, verwandtschaftliche oder eheliche Beziehungen. Wenn die Einstellung eines kulturellen Neulings zu der noch fremden Nationalität, der Sprache und der Gesellschaft vorurteilslos ist, kann bei ihm der Wille erweckt werden, diese näher kennen zu lernen. In den vorliegenden 25 Kurzgeschichten geht es genau um diesen Prozess des kulturellen Kennenlernens.

Das alter ego des Autors, Felix Zieschang, ist ein Deutscher, der mit Leena, einer finnischen Frau, verheiratet ist. Das Paar lebt in Deutschland verbringt aber viel gemeinsame Zeit an ihrem Sommerhaus in Finnland, das sich in der Landschaft der Kindheit und Jugend seiner Frau Leena befindet, und zwar an den Ufern des Puulasees. Im Laufe der Entwicklung ihrer Beziehung treten die Verwandten seiner Partnerin in sein Leben ein, von denen Leenas Mutter über eine besondere Gabe verfügt: sie kann sowohl beim Einatmen als auch beim Ausatmen sprechen. Die Sprechflut der Schwiegermutter ist für Felix der Schlüssel zum Verständnis der finnischen Sprache und später auch zu ihrem Gebrauch. Das Erlernen der Sprache ermöglicht es Felix, die Einheimischen in der näheren Umgebung kennen zu lernen und mit ihnen Freundschaften zu schließen. Auf diese Weise wachsen durch persönliche Erfahrungen seine Kenntnisse des finnischen Lebens.

Da vom Leben am Sommerhaus in Finnland die Rede ist, sind viele der Erzählungen in dem Buch naturverbunden. Die Natur ist für Felix sowohl das Objekt der Bewunderung als auch der Verehrung, eine Art Urheimat des Menschen, in der man auch in Einsamkeit glücklich sein kann. Andererseits bietet sie die Möglichkeit für vielseitige Tätigkeiten. In den Erzählungen läuft man auf dem aufbrechenden Eis Ski, saust mit dem Segelboot auf den blauen Weiten des Sees, mal kenternd, mal auf der Flucht vor dem Gewitter, oder man sammelt Beeren im Revier des Braunbären, auf den man ständig Ausschau hält. Zur Charakterisierung der Menschen präsentiert der Autor unter anderem seine Beobachtungen über ihr Verhalten im sozialen Kontext, berichtet über den positiven Wert des Alleinseins und Schweigens in der finnischen Kultur, gibt bedeutsame Beispiele von der starken Stellung der Frau in Familie und Gesellschaft und reflektiert über die Beziehung der Finnen zum Alkohol, um nur einige Themenbereiche zu nennen.

Das Buch von Manfred Pienemann betrachtet die Eigenheiten der finnischen Lebensweise durch die Brille eines Deutschen, der in mitteleuropäischen Kulturkreisen aufgewachsen ist und bietet sowohl seinen Landsleuten als auch deutschkundigen Finnen amüsanten und interessanten Lesestoff. Obwohl der Autor seine Umgebung und die darin befindlichen Menschen mit nahezu anthropologischer Präzision betrachtet, ist sein Schreibstil alles andere als der eines trockenen Wissenschaftlers. Die Bestandteile der finnischen Lebensart sind als Episoden in die Erzählungen über den Sommerhausalltag des Felix Zieschang eingestreut, die in feinem Humor gezeichnet sind. Dieser alles vergoldende Humor ist genau eines der Gewürze, die den Leser mit vibrierendem Zwechfell zum gierigen Weiterlesen animieren. Zu den Erzählungen treten noch sechs als Lektionen bezeichnete Einheiten hinzu, in denen der Autor bestimmte Themenbereiche vorstellt und reflektiert – auch dies in dem ihm eigenen, humorvollen Stil. Ich wünsche Dir, liebe Leserin, lieber Leser, eine angenehme Reise in die finnische Natur- und Seelenlandschaft mit der Brille des Felix Zieschang im Gepäck.

Professor Dr. Matti Rahkonen

Esipuhe

Vaikka nykymaailmassa kulttuurien kohtaaminen on monissa ammateissa normaalia arkipäivää, vieraan elämänmuodon tuntemus jää yleensä varsin pinnalliseksi jos ihmiset tapaavat toisiaan lyhytaikaisesti ja pelkästään työn merkeissä. Syvällisempi uuden kulttuurin ymmärtäminen edellyttää asianomaisessa maassa elämistä, sen kielen oppimista ja sosiaalisen verkoston luomista. Kuten tunnettua, tällaista sopeutumisprosessia kutsutaan akkulturaatioksi. Poikkeuksellisen hyvän kasvupohjan sille tarjoaa alkuasukasväestön edustajan kanssa solmittu seurustelu-, avo- tai aviosuhde. Jos kulttuuriummikon asenne siippansa kansallisuuteen, kieleen ja yhteiskuntaan on ennakkoluuloton, hänessä saattaa herätä halu tutustua niihin lähemmin. Nyt käsillä olevassa, 26 lukua käsittävässä pakinakokoelmassa on kyse juuri tästä.

Teoksen kirjoittajan alter ego Felix Zieschang on saksalainen mieshenkilö, joka on naimisissa Leenan, suomalaisen naisen kanssa. Pari asuu Saksassa mutta viettää paljon yhteistä aikaa Suomessa mökillään, joka sijaitsee vaimo Leenan lapsuuden ja nuoruuden maisemissa Puulaveden rannalla. Seurustelun ja avioliiton myötä Felixin elämään tulevat mukaan puolison sukulaiset, joista Leenan äidillä on erikoinen taito: hän osaa puhua myös sisään hengittäessään. Anopin puhetulva on Felixille avain suomen kielen ymmärtämiseen ja myöhemmin myös sen puhumiseen. Kielen oppiminen avaa Felixille mahdollisuuden tutustua ja solmia ystävyyssuhteita lähiympäristön alkuasukkaisiin ja näin hänen tietämyksensä suomalaisuudesta kasvaa henkilökohtaisten kokemusten kautta.

Koska on kyse mökkielämästä Suomessa, monet kirjan kertomuksista ovat hyvin luontokeskeisiä. Yhtäältä luonto on Felix Zieschangille ihailun ja kunnioituksen kohde, eräänlainen ihmisen alkukoti, jossa voi olla onnellinen yksinäisyydessäkin. Toisaalta se tarjoaa mahdollisuuden moninaisiin harrastuksiin. Kertomuksissa hiihdetään alla rasahtelevalla jäällä, viiletetään purjeveneellä pitkin sinistä ulappaa milloin nurin keikahtaen, milloin ukkosta maihin paeten tai käydään marjassa samassa metsässä asuvaa karhua kuulostellen. Mitä ihmisiin tulee, tekijä esittelee m.m. huomioitaan heidän käyttäytymisestään sosiaalisissa tilanteissa, kertoo yksinolon ja vaikenemisen positiivisesta arvosta suomalaisessa kulttuurissa, antaa paljon puhuvia esimerkkejä naisten vahvasta asemasta perheessä ja yhteiskunnassa sekä pohtii suomalaisten suhdetta alkoholiin vain muutaman aihepiirin mainitakseni.

Manfred Pienemannin kirja valottaa suomalaisen elämänmuodon ominaispiirteitä keskieurooppalaisessa kulttuurissa ja kulttuurimaisemassa kasvaneen saksalaisen silmälasien kautta ja tarjoaa riemukasta ja kiintoisaa lukemista sekä hänen maanmiehilleen että saksaa ymmärtävälle suomalaiselle. Vaikka tekijä on tarkkaillut ympäristöään ja sen ihmisiä lähes antropologin tarkkuudella, hänen esitystapansa on kaikkea muuta kuin kuivan tieteellinen. Suomalaisuuteen liittyvä aines on usein siroteltu episodeiksi Felix Zieschangin mökkielämästä kertoviin tarinoihin, jotka ovat hienostuneen huumorin värittämiä. Juuri tämä kaiken kultaava huumori onkin yksi niistä mausteista, jotka saavat lukijan ahmimaan luvun toisensa jälkeen vatsan seutu hytkyen. Kertomustyyppisten pakinoiden lisäksi kokoelma pitää sisällään kuusi oppitunniksi (Lektion) kutsuttua teemalähtöistä kokonaisuutta, joissa tekijä keskittyy esittelemään ja pohtimaan tiettyjä aihepiirejä, nytkin sanomaansa sopivasti huumorilla höystäen. Toivotan sinulle, hyvä lukija, antoisaa matkaa suomalaiseen luonnon- ja sielunmaisemaan Felix Zieschangin silmälasit nenälläsi.

Professor Dr. Matti Rahkonen

Inhalt

1 Wie ich unversehens zum Segeln kam und in der Einsamkeit kenterte

Um es gleich vorweg zu nehmen: Ich bin gekentert! Klarer Fall von Hochmut. Niemand hat mich gerammt oder sonstwie behindert. Völlig selbstverschuldet. Das hätte ich nach der Rettung natürlich nicht gesagt. Ich hatte doch alles perfekt vorbereitet. Es lag am Bootsbauer und an den tückischen Winden auf dem Puula-See – in Finnland. Die Selbsterkenntnis kam erst nach mehreren Segelkursen und dem dritten Bootskauf.

Aber beginnen wir am Anfang der Geschichte, beim ersten Boot, mit dem ich ja auch gekentert bin. Ich fühlte mich schon insofern unschuldig an der Kenterung, weil ich eigentlich kein Segelboot kaufen wollte. Zu einem finnischen Blockhaus gehört auch gar kein Segelboot, sondern ein Ruderboot, mit einem Außenborder. Das haben alle Finnen.

An unserem Blockhaus waren uns sozusagen die Boote ausgegangen, und es war Zeit, ein neues zu kaufen. Die beiden letzten Boote, die traditionsgemäß eigentlich zu Juhannus (Mittsommer) auf dem See hätten verbrannt werden sollen, rotten jetzt wegen der neuen Umweltgesetze im Wald romantisch vor sich hin.

Im Dorf gab es einen Bootsbauer, der herrliche traditionelle Holzboote baute. Ich bestellte dort gut fünf Meter Boot für fünf Personen, mit zwei Ruderplätzen und Raum für einen Außenborder. Der Bootsbauer sagte mir, dass ich für einen kleinen Aufpreis auch einen Mast, ein Segel und ein Schwert (?) dazu bekäme. Ich sagte: »Aber ich kann doch gar nicht segeln«. Er meinte, das lernt man doch ganz von selbst, besonders in seinem Holzboot. Damit war die Bestellung erledigt. Zurück in Deutschland dachte ich noch einmal über die Bestellung nach und überlegte mir, dass es vielleicht sinnvoll wäre, mich doch etwas auf das Segeln vorzubereiten. Ich fühlte mich zwar bestens geeignet zum Führen eines Bootes. Immerhin hatte ich ja seit Jahren lange Strecken mit dem Ruderboot zurückgelegt. Aber man kann ja nie wissen.

Ich hatte Glück: Michael vom Segelverein im Heimatort zeigte mir das Wenden und das Halsen (bei schwachem Wind) und auch das Ablegen und Anlegen. Sicherheitshalber rief ich noch beim finnischen Verkehrsministerium an, Abteilung Schifffahrt, um mich danach zu erkundigen, ob man dort einen dieser lächerlichen Segelscheine braucht. Natürlich nicht, zumindest nicht auf

Binnengewässern, und wie schön, dass Sie Interesse daran haben, auf unseren wunderschönen Seen zu segeln. Herzlich willkommen. Das bestärkte ganz den Tenor der Segelforen im Internet. Alberne deutsche Reglementierungswut. Ich kam mir nun schon sehr gut vorbereitet vor, wollte aber wirklich auf Nummer sicher gehen und begab mich zu einem hervorragenden Segelausstatter. Gleich an der Autobahn. Sicherheitswesten, fünf Stück, jede Menge Tauwerk, sportliche Segelhandschuhe, zwei Paar, reichlich Fender, zwei schicke Kappen und vor allem die »Aquapac Allzwecktasche, wasserdicht bis zu 5 Meter Tiefe«.

Im nächsten Sommer wurde das Boot ausgeliefert. Glücklicherweise waren alle Knoten im Preis inbegriffen, und so konnte ich sofort den Mast stellen (eigentlich eher stecken) und lossegeln. Hier muss ich Michael preisen. Er hatte mir die Grundmanöver Wenden, Halsen, Ab- und Anlegen sehr gut beigebracht. Ich kam auch gut damit klar, dass der Wind auf dem Puula etwas ruppiger war, und brachte mir intuitiv den Gewichtstrimm bei, ganz wie es der Bootsbauer gesagt hatte. Brachte der Winddruck das Boot in eine Schieflage, dann verlagerte ich mein Körpergewicht auf die entgegengesetzte Seite, um die Schieflage auszugleichen. Der Lernvorgang verlief mit beachtlichem Tempo. Ich hatte mir auch eine Wetterstation gekauft und konnte nun einen kleinen Wettkampf mit dem Wind veranstalten. Gewichtstrimm bei zwei Windstärken (gemessen in »Beaufort« – auf meiner Wetterstation), dann drei und so weiter. Sonst war ja niemand auf dem Wasser.

Als es passierte, fühlte ich mich schon ganz als Herr der Wellen. Die Wetterstation zeigte hübsche drei Beaufort aus Nordost. Kein Problem. Leena, meine Frau, dagegen fühlte sich etwas unsicher und stieg aus. Komisch. Genugtuung stieg in mir auf, als ich begann, an der Kräuselung des Wassers zu erkennen, woher der Wind wehte. Und genau da passierte es. Eine starke, wirklich ziemlich starke Böe aus einer überraschenden Richtung … und das ganze schöne Segel flog in die Luft und kippte das Boot auf die Seite, das in einer Millisekunde unter Wasser war, samt dem Herrn der Wellen.

Schnitt. Ich bin unter Wasser, etwas bläht sich auf und zieht mich nach oben in ohnmachtssichere Lage (guter Kauf), und währenddessen klingelt irgendwo unter Wasser das Telefon. Ich schnappe nach Luft. Aquapac Allzwecktasche – mit Mobiltelefon. Es ist Leena, ein paar Kilometer entfernt am gegenüberliegenden Ufer. Ich kann sie nicht verstehen. Der Wind pfeift, und ich sage zuversichtlich, »Kein Problem, Schatz. Ich komme in etwa einer Stunde zum Essen.«

Eine Stunde? Um mich herum Chaos. Das Segel unter Wasser. Ein Salat von Tauwerk, und alles aus Holz und wird vom Winde verweht. Sie ruft wieder an und ist völlig außer sich. »Hör mal, wo bist Du? Plötzlich war das Segel vom Horizont verschwunden.« »Ja, es wird doch etwas länger dauern.« Over and out.

Mir geht durch den Kopf »Das war aber mehr als drei Beaufort, reichlich mehr!« Sichtung der Umgebung: Windrichtung. Nächstes Ufer. Gefühlte Temperatur. Das Boot schwimmt unter der Wasseroberfläche. Ich entschließe mich, das Boot so zu drehen, dass der Wind hineinbläst, lasse mich auf eine Insel treiben. Es gelingt! Und wieder das Telefon. »Pass mal auf, Du kommst da alleine nicht weg. Ich hole Hilfe.« Ich ziehe das Boot an Land und kippe das Wasser aus. Gefühlte zwei Tonnen. Eine Schöpfkelle wäre jetzt sehr hilfreich. Was finden wir im Boot? Einen der Sitze, ein Ruder. Das andere treibt im Wasser, wie alles, was nicht angeschraubt war.

Inzwischen sank die Körpertemperatur im Wind rapide. Und gerade da kam ein Paar mittleren Alters, das mit seinem Boot mit Außenborder fischen war und von Leena zu der Unfallstelle dirigiert worden war. Ich wurde empfangen mit den Worten »Gekentert? Nimm die Leine. Wir ziehen dich zurück.« Das Angebot zum Kaffee lehnten sie ab, sprachen auch sonst kein überflüssiges Wort, und ich begab mich schnellstens in die Sauna, um später alle verwehten Einzelteile über eine Strecke von fünf Kilometern wieder einzusammeln. Die Rettung war reine Glückssache. Die nächste Station der Rettungswacht ist etwa 20 Seemeilen entfernt. Bootsverkehr gleich null. Lagebesprechung. Wieso war ich gekentert? Lag es am Gewichtstrimm? Nein, das Segel flog ja weg! Wie konnte das passieren? Das wurde mir klar, als ich das Boot am nächsten Tag wieder aufbaute. Da die Knoten im Preis inbegriffen waren, musste ich sie anhand von Fotos erst einmal rekonstruieren. Da gab es eine Schnur, die sich später im Segelkurs als »das Großfall« vorstellte, an der das Segel am Mast hoch gezogen wurde. Dann entdeckte ich eine kleine Schnur (sehr klein), mit der der Baum nach unten gesichert wurde, ein Ende am Baum, das andere an einem Pflock, der in der Bank steckte. Und hier war das Problem: Der Pflock steckte schön fest in der Bank, aber eben nicht fest genug, wenn es mal richtig weht. Das hätte man mir ja auch mal sagen können, oder?

Man kann sich kaum vorstellen, dass die alten Finnen im neunzehnten Jahrhundert mit just diesem Boot und diesem Segel in den Schären zwischen

Schweden und Finnland über die Ostsee geschippert sind. Sind sie aber, und das Segel ist nicht in die Luft geflogen, weil sie es nämlich ganz einfach mit einer Schlaufe unter dem Pflock, der durch die Bank durch geht, gesichert haben. Das habe ich dann später herausgefunden. Diese Bootsform ist in Finnland nämlich bekannt als *»Saaristolaisvene«* (wörtlich »Insulanerboot« oder besser »Schärenboot«) und lässt das Herz eines jeden Finnen und jeder Finnin hoch schlagen, wenn sie es sehen.

Man sieht es aber heutzutage nur selten, weil die Finnen lieber mit modernen Booten fahren, die nicht so leicht kentern und die man weniger pflegen muss. Rein ins Wasser und los. Das hat aber den Vorteil, dass mein Boot, wohin es kommt, urfinnische Instinkte aufkommen lässt. Das fängt schon bei den Kindern an. Ich mache gut Fahrt, halte auf ein Ufer zu, und kleine Kinder rufen aufgeregt: *»Isi, isi, merirosvot tulee!«* – »Papa, Papa, die Piraten kommen!« Dann hört man den beruhigenden Tonfall des Vaters, und die Aufregung geht über in scheue Neugierde. »Das muss der Deutsche sein – vom anderen Ufer.« Die Bemerkung verrät: Die Bevölkerungsdichte ist hier sehr niedrig. Da reicht »der Deutsche« als eindeutige Bezeichnung für einen Bereich von mindestens zehn Quadratkilometern.

Vielleicht liegt es an dem roten Segel. Ich hatte bei der Bestellung gar nichts über die Farbe gesagt. Dunkelrot sieht aber auch ziemlich martialisch aus. Nein, es erinnert wohl an eine Szene aus dem Nationalepos Kalevala, die in einem Gemälde von Gallen-Kallela festgehalten wurde, das jeder einmal in der Schule sieht. Offenes Holzboot mit Luggersegel unter dem Kommando des Hünen Väinämöinen.

Finnische Besucher kommen leicht ins Schwärmen, wenn sie das Boot am Steg sehen. Sie zögern aber, es zu betreten, wenn das Segel gesetzt ist. Als mein Freund Matti zu Besuch kam, der sonst seine 35-Fuß-Yacht auf dem 150 km langen Päijänne-See segelt, war seine erste Bemerkung: »Wo sind die Rettungswesten?« Kein Problem. Ich hatte ja die Automatikwesten zur Hand, CE Norm EN 396. Sein Blick beruhigte sich, und er legte sie gleich an – auch in rot. Es war der x-te Jahrestag meiner Kenterung, wieder drei Beaufort, und ich hatte einige Verbesserungen vorgenommen, vor allem eine bombenfeste Sicherung des Baums, schön in Tauwerk, passend zum Boot.

Matti war nun mächtig beeindruckt vom Anblick des Saaristolaisvene – wenn auch das Original sicher größer war – und freute sich auf einen Museumstörn. Er machte es sich am Ruder bequem und überließ mir den Gewichtstrimm. Mir wurde etwas mulmig, als wir die Unfallstelle passierten. Die Wetterbedingungen nahezu identisch wie am Tag der Kenterung; und wie am Tag der Kenterung nahm der Wind ordentlich zu, just an dieser Stelle – mit einem schroffen Richtungsdreher. Mein Gast hatte das Ruder locker aber sicher in der Hand, erkannte auf Anhieb die Situation und erfreute sich an der »Beschleunigung durch den schönen Wind«. Mir stockte der Atem, aber das Segel stand wie eine Eins, und Matti kam trocken und ahnungslos an Land. Wir machten das Boot wie nebensächlich am Steg fest und bereiteten die Sauna vor – wie alle Finnen am Samstag. Routine beruhigt.

Nach dem ersten Saunagang saßen wir auf dem Bootssteg, um uns abzukühlen. Man blickt von dort in einiger Entfernung auf einen hundert Meter hohen Felsen, der eine Landzunge bildet. Auf der Karte erkennt man die Fortsetzung der Landzunge in mehreren Kilometern Entfernung. »Da hast Du einen schönen Windkanal, wenn Du mal Schwung holen willst«, meinte Matti anerkennend. Na klar, ein Windkanal bei Wind aus Nordost. Das war's. Wie peinlich. Schnell bot ich ihm ein Leichtbier an. Noch nie war das so willkommen wie jetzt.

2 Kahvipöytä – Die Kaffeetafel

Unversehens geschah nicht nur meine Kenterung auf den einsamen Seen Finnlands. Die gesamte Vorgeschichte hatte sich völlig ohne Planung wie von selbst ergeben. Bootskauf. Finnisierung. Und das Pendeln zwischen den Welten. Inzwischen bin ich für die Leute am Puula-See eindeutig der Deutsche vom gegenüberliegenden Ufer, mit dem man sich auf Finnisch verständigen kann. Viele kennen mich auch mit Namen: Felix Zieschang, sprechen ihn aber nicht gern aus, vor allem nicht den Zieschang. Aber davon später mehr.

Eine Reihe von glücklichen Fügungen war nötig, bevor Leena, meine spätere Frau, und ich uns regelmäßig im Paradies aufhalten durften und ich auch nur davon träumen konnte, wie selbstverständlich in das Leben der Einheimischen einzutauchen. Die erste Fügung war das statistisch höchst unwahrscheinliche Ereignis, dass sich aus der frühen Reisebekanntschaft zwischen einer wunderbaren jungen Finnin, nämlich Leena, und mir eine interkulturell tragbare Beziehung entwickelte. Das Schicksal war noch mit dieser Fügung beschäftigt, als ich meinen inneren Kompass auf den Puula-See einnordete. Vielleicht war dies auch eine der Proben, die das Land für mich bereithielt, bevor sich eine dauerhafte Beziehung entwickeln durfte.

Im Nachhinein ist klar, dass ich für meine erste Begegnung mit dem Puula geistig bestens gerüstet war – und zwar durch die Lektüre der Lederstrumpf-Romane von James F. Cooper. Existenz am Rande der Zivilisation, zumindest schien es mir so. Nicht nur passte in meinen Augen die finnische Wildnis, sondern auch der schöne und intelligente Frauentyp - ganz wie Elisabeth Temple bei Cooper. So fielen diese beiden Elemente auf fruchtbaren Boden: wilde Natur und starke Frau.

Die zweite Fügung bestand darin, dass es in Finnland verschiedene Volksstämme gibt, von denen die Karelier die kommunikativsten sind und dass meine spätere Schwiegermutter als Karelierin mit all den Gaben dieser Volksgruppe bestens ausgestattet war. In dieser frühen Zeit meiner Finnisierung wusste ich nicht, dass finnische Frauen zumindest im häuslichen Bereich regieren, dass sie einen beachtlichen Status haben, der sich aus ihrer Planungsfähigkeit und ihrem Arbeitseinsatz ergibt. Kombinieren wir dies nun mit der sagenumwobenen finnischen Gastfreundschaft, dann haben wir ein Rezept für äußerst überschwängliche Gastmahle.

Alles das war mir anfangs nicht bekannt. Mein westfälisches Wertesystem der Wirtschaftswunderzeit war bisher noch nicht erschüttert worden. Beim Essen hörte ich noch die Worte meiner Oma: »Dann iss doch wenigstens das Fleisch«. Wir Westfalen hatten schon begonnen, die Rosinen heraus zu picken. Nicht so in Finnland. Dort aß man zu dieser Zeit vorwiegend Roggenbrot, viel Fisch und sicher nicht jeden Tag Fleisch.

Wahrscheinlich war meine Unbefangenheit ein Segen für meinen Verstand. Ich nahm die unterschiedliche wirtschaftliche und gesellschaftliche Entwicklung in den beiden Ländern gar nicht wahr. Meine Oma hatte auch lange noch ein Plumpsklo. Hinter dem wunderschönen, ja stolzen Haus meiner künftigen Schwiegereltern stand damals auch eins, und zwar mit Sitzplätzen für drei Personen. Ich war beeindruckt. Nur das Toilettenpapier war härter als zu Hause. Das fiel mir auf.

Bei meinem ersten Besuch im Frühjahr war Leenas Familie zu einem Geburtstagskaffee bei sehr guten Freunden auf dem nahe gelegenen Bauernhof eingeladen. Nahe gelegen sagte man damals. Es waren immerhin fünf Kilometer Fußweg, den wir mühelos zurücklegten. Aus irgendeinem Grunde war der VW-Käfer samt künftigem Schwiegervater, dem ruhigen, aber starken Väinämöinen-Typ, nicht mit dabei.

Lea, meine spätere Schwiegermutter, führte unsere Delegation an, untermalt von ihrer ständigen Lautproduktion, die einen frühen Grundstein für meinen Finnischerwerb legte. Eines der Probleme in der Kommunikation während der Wanderung auf dem vereisten Waldweg bestand darin, zu erkennen, wann die Karelierin eine Sprechpause einlegte, in der man Informationen zur allgemeinen Orientierung von Deutschkundigen hätte einholen können. In meiner Muttersprache und auch im Englischen erkenne ich solche Punkte an der Satzmelodie. Wenn die nicht stimmt, warte ich, bis die Sprecherin wieder einatmet. Aber es schien, dass Karelierinnen über die seltene Gabe verfügen, nicht einatmen zu müssen.

Die Wanderung dauerte wegen der schlechten Wegverhältnisse weit über eine Stunde, und so konnte ich weitere Beobachtungen an diesem einmaligen Phänomen anstellen. Bald merkte ich, dass ihr Luftstrom beim Sprechen quasi vorwärts und rückwärts floss, also ein und aus. Wie bei einem Umkehrtriebwerk. So konnte sie beim Einatmen einfach weiter sprechen. Dabei schaltete sie ihren Sprechapparat innerhalb von Millisekunden auf den Rückwärtsmodus.

Die Stimme klang dann etwas gequetscht und leiser, aber nicht ganz unnatürlich. In diesem Modus füllte sie wieder ihre Lungen, um dann mit Vehemenz ihren Diskurs fortzusetzen. So hatte sie die totale Lufthoheit in jedem Gespräch.

Ich brauchte also gar nicht den Versuch zu machen, selbst etwas zu sagen. Das schafften nicht einmal die anderen Muttersprachler – bis auf ein gelegentliches »voi voi« (oh je) oder »niin« (genau), das als Parallelspur in den Redefluss eingebracht wurde. Auf diese Weise erlernte ich gleich eine Strategie, ein Gespräch in Gang zu halten, ohne im Geringsten zu verstehen, worum es ging.

Gleichzeitig machte ich Beobachtungen an ihrer Lautstruktur. Beim Ausatmen, dem Normalmodus, schien sie unentwegt paka-taka-mata-kaka zu sagen, beim Einatmen dagegen phakha-thakha-matha-khakha. Das Sprechen beim Einatmen zwang sie also dazu, einen Hauch hinein zu bringen. Das kannte ich schon von meiner Oma, die auch gerne das »jahh« in sich hinein sog.

Sobald wir in die Bauernstube eintraten, veränderte sich die Lautproduktion abrupt. Die Silben »paka-taka« wurden durch sehr lange Reihen von Vokalen ersetzt, etwa »ooooii iiihannaaaa«, eine Art Freudenruf, in den alle dominanten Frauen zeitgleich einstimmten. Irgendwie blieb für die nicht-dominanten Frauen und die Männer dennoch ein wenig Luftraum, in dem sie kleine, kurze Bemerkungen auf einem Parallelgleis machen konnten. Es war beruhigend, dass nicht nur ich als Nicht-Finnischsprachiger keine Chance hatte, aktiv am Geschehen teilzunehmen. Aber die passive Rolle war schon gewöhnungsbedürftig. Also zog ich mich auf meine Beobachterstation zurück und wartete auf Hinweise für meinen Einsatz.

Dazu setzte ich mich auf einen Bauernstuhl, der grün angestrichen war und von dem aus man den Raum gut überblicken konnte. Der Raum war erfüllt von der sanften Wärme des gemauerten Backofens. Stehend erkannte man, dass es sich jemand auf dem warmen Ofen gemütlich gemacht hatte. Offenbar wurde der flache Oberbau des Ofens als Schlafstätte genutzt. Wellness im Bauernhof.

Mit einer leichten Kopfbewegung nach rechts hatte ich die Tür im Blick und registrierte alle Zu- und Abgänge von Personen und zugleich mögliche Bewegungen auf dem Backofen. In Neutralposition blickte ich auf den hinteren Teil des Raumes, in dem ein hölzernes Bauernsofa stand, das von einer unzählbaren Gruppe von Personen besetzt war. Eine leichte Drehung nach links gab den Blick frei auf das Fenster, davor den Tisch und zwei Bänke, wie ich sie aus dem Sportunterricht kannte. Dazwischen eine bunte Mischung weiterer Sitzgelegenheiten.

Der Grad der Bedeutung dieser Zusammenkunft wurde für meine monokulturellen Wahrnehmungsmuster durch nichts markiert. Der Tisch war nicht gedeckt, abgesehen davon, dass auf einem Beistelltisch im hinteren Teil des Raums Tassen und Kuchen in militärischen Reihen aufgestellt waren. Wahrscheinlich war es den Gastgebern eilig geworden, und sie hatten Geschirr und Kuchen dort zwischengelagert. Wie sollte ich wissen, nach welchen Regeln in Finnland der Kaffeetisch gedeckt wird, dass die militärischen Reihen die hochoffizielle Kaffeetafel (»kahvipöytä«) war.

Auch die Kleidung gab keine weiteren Hinweise auf Rang und Namen. Der Bauer trug einen farblich nicht beschreibbaren Pullover und eine alte Stoffhose, die ihm auf die Haut gewachsen war. Er hockte auf dem Boden und drehte einhändig eine Zigarette, während er mit einigen Gästen sprach, die sich auf Augenhöhe befanden.

Trotz meiner strategisch vorteilhaften Position gelang es mir nicht, einen Überblick über die Anwesenden zu bekommen. Das lag daran, dass sie nicht ordentlich am Tisch saßen, sondern ständig in Bewegung waren und ihre Plätze wechselten oder in ein anderes Zimmer huschten. Es war auch nicht erkennbar, wer zu wem gehörte. Erstaunlicherweise hielt sich der Lärmpegel in Grenzen, obwohl Dutzende von Gesprächen gleichzeitig liefen.

Irgendwann bewegten sich die Gäste in Richtung Beistelltisch und holten sich eine Tasse mit Kaffee und einen Teller mit Kuchen, setzten sich wieder auf eine der Sitzgelegenheiten und jonglierten nun die Tasse und den Teller mit einer Hand, während sie versuchten, mit der anderen zu essen, ohne großen Schaden anzurichten. »Locker« (Übersetzung für 2013: »krass«), dachte ich. Die Gastgeber hatten es nicht mehr geschafft, den Tisch zu decken, und nun improvisierten die Gäste einfach.

Dann kam das Zeichen zum Einsatz. Die Großkopferten hatten ihre Portion eingefahren, und nun war die zweite Liga an der Reihe. Auf dem Tisch standen einige Köstlichkeiten, die ich nicht näher identifizieren konnte. Auf den ersten Blick sah alles nach Kuchen aus. Das einzige, das ich sofort erkannte, war die Sahnetorte. Für meine Augen war dies auch das einzig Genießbare. Leena tat ihr Bestes, mir die verschiedenen Sorten von Gebäck zu erklären –

mit sehr beschränktem Erfolg. Pflaumenmus in Blätterteig. Okay. Muss aber nicht sein. Dann gab's »Pulla«, eine Art Stuten, aber ohne Rosinen und ohne Butter. Das wird trocken. Könnte man notfalls einstippen.

»Was ist das denn?«

»Lohipiirakka, also Gebäck mit Lachs.«

»Lachskuchen? Nein danke.«

Na so was. Die Schweden waren ja schon irre: Hähnchen mit Marmelade – aber Fischkuchen?

Meine Aufpasserin hatte sich nur kurz herum gedreht, da war es passiert. Ich hatte mich in meiner Not an der Sahnetorte bedient, nein versündigt. Ein riesiges Stück, um den Hunger zu stillen. In der bisher unberührten Torte klaffte nun eine Wunde, symmetrisch ausgeschnitten nach der deutschen DIN-Norm. Ich bemerkte nicht den ungläubigen Blick meiner Begleiterin, auch nicht die entsetzten Blicke aller Gäste, an denen ich mit meiner Beute vorbei stolzierte.

Welch ein Tabubruch. Die Bäuerin hatte seit Tagen gebacken, um die erforderlichen sieben Sorten Gebäck herzustellen, die für das Fest notwendig waren, angefangen von Salzigem über Pulla und Eierkuchen bis hin zur edlen Sahnetorte. Natürlich würdigten die Gäste traditionsgemäß den Aufwand in der Beachtung der strikten Reihenfolge beim Verzehr des Gebäcks vom Salzigen zum Süßen mit der Sahnetorte als Krönung. Wer die Sahnetorte wollte, musste sich zuerst durch sechs andere Sorten Gebäck hindurch essen.

Die Torte war der reinste Genuss für den Unwissenden, mild, geschmeidig, fruchtig und für den jungen Magen weniger mächtig als dieselbe Portion in Deutschland. Ebendieser Magen signalisierte nun der Kommandozentrale, dass ein zweites Stück Sahnetorte jetzt sehr gefällig wäre. Als ich mich erhebe, um mich ein zweites Mal an dem Heiligtum zu versündigen, schreitet die liebe Leena vermittelnd ein und schlägt vor, dass ich doch die anderen Köstlichkeiten auch kennen lernen sollte. Wir einigen uns auf das Gebäck mit Pflaumenmus, und ich machte deutlich, dass Fischkuchen definitiv nicht meine Sache ist.

Die Peinlichkeit dieser Begegnung konnte ich nur vage erahnen. Irgendetwas war sehr falsch gelaufen. Leena hatte ihr Bestes getan, mich von weiteren Untaten abzuhalten. Für sie war die Peinlichkeit ganz offenbar. Ich aber nahm nur die zunehmende Zähigkeit in ihren Bewegungen und den leicht bekümmerten Gesichtsausdruck wahr wie bei jemandem, der sich bemüht, Zahnschmerzen zu überspielen und dabei freundlich zu bleiben. Was war geschehen?

»Leena. Alles okay?«

Damals wusste ich nicht, dass diese Frage für Deutsche fürsorglich ist, für Finnen in dieser Situation aber erschreckend eindringlich.
»Ist schon gut«, log sie unbeholfen.

Das war alles, was mein damaliger Film enthielt. Inzwischen hat das Leben mit den Finnen einige Szenen ergänzt, vor allem Leenas inneren Aufschrei: »Bist Du peinlich und merkst es nicht. Jetzt willst Du Absolution und weißt nicht einmal wovon!« Das Zahnschmerzengesicht war bemüht, sich aufzuhellen. Vielleicht war es besser, jetzt einmal nicht weiter zu bohren.

Der Geschmack der Sahnetorte verblasste, und langsam wurde mir klar, dass ich nicht einfach nur ein Beobachter bleiben kann, wenn ich mit einer Frau aus einer anderen Kultur leben will. Mir kam plötzlich in Erinnerung, wie mir ein Mitreisender auf der Fähre die Schlussszene in seiner Beziehung zu einer Eeva erzählte – schon etwas verbittert. Es war Winter. Sie liefen bei Dunkelheit in der vereisten Dorflandschaft und hatten trotz aller Zuneigung intensiv aneinander vorbei geredet. Herzlich hier, eindringlich da. An einer Stelle fehlten ihnen für Sekunden, dann Minuten die Worte, um die Unterschiede zu überbrücken – nicht im Kopf, sondern im Herzen. So gingen sie wortlos auseinander, jeder in eine andere Richtung, jeder in die Dunkelheit der Nacht. Aus. Ende. Man fühlt den kalten Atem der Enttäuschten.

An diesem Tag fasste ich den Entschluss, ein Teilnehmer an der Kultur meiner Liebsten zu werden, auch wenn es lange dauern würde. Sie waren doch ein lustiges Volk, die Finnen. Das hatte mir die Kaffeetafel ja vorgeführt. Es fehlte nur noch etwas an der Feinabstimmung.

3 Auf Brettern zum Sommerhaus

Wie hätte ich Leenas Vorschlag ablehnen können, auf Skiern zum Sommerhaus zu laufen. Skilaufen ist ein Grundbestandteil der finnischen Kultur und schien mir ein guter Anfang dafür, meine guten interkulturellen Vorsätze umzusetzen.

Wer im Winter nach Finnland kommt, muss sich darauf einstellen, dass man ihn oder sie im Schnee auf schmale, lange Bretter stellt und mit Schuhen daran befestigt. Finnen können sich nicht vorstellen, dass Erwachsene die Skier samt Stöcken in Sekunden mit Armen und Beinen verknoten können, denn hier ist die Fähigkeit zum Skilanglauf angeboren. Die Kinder lernen auf Skiern Laufen. Früher waren die Dinger die effektivsten Fortbewegungsmittel im Schnee. Leena lief damit im Winter täglich zur Schule. Heute sind Skier Sportgeräte. Auch in den kleinsten Dörfern werden im Winter beleuchtete Loipen eingerichtet, auf denen sich die Nachbarn bei der Dunkelheit des Tages gegenseitig ihre Fitness beweisen.

Nicht Skilaufen zu können, ist eine arge Demütigung. Dabei ist der Fall gar nicht vorgesehen, dass jemand die Technik der Fortbewegung auf Brettern erst im Erwachsenenalter erlernen würde. Dar Fall trat aber ein, als Leena im Spätwinter, also zu Ostern, durch den tiefen Schnee zum Sommerhaus wollte. Unversehens stand ich auf den alten Holzskiern von Leenas Vater, dem guten Väinämöinen, Stöcke in der Hand, im Rucksack etwas Proviant und los, solange die Sonne scheint, was sie in dieser Jahreszeit durchaus zustande bringt.

Die Expedition begann gleich an der Haustür. Der gesamte gefrorene Niederschlag der letzten fünf Monate war am Wegesrand aufgetürmt. Alles lag unter einer meterdicken Schneedecke, die durch die warmen Temperaturen an der Oberfläche tagsüber sulzig wurde und dann in der Nacht gefror. Dadurch erhielt sie einen Panzer, der es verhinderte, dass man im tiefen Schnee versank – solange man nicht einbrach. *»Hankikannat«* nennen die Finnen das. Der Tag war günstig für einen Ausflug durch den Wald, denn es hatte noch feinen Schneefall gegeben, der die erhärtete Oberfläche verzuckerte und nun im Sonnenlicht glitzern ließ.

Ich kam mühsam vorwärts und benötigte meine gesamte mentale und körperliche Energie für die Bewältigung dieser artistischen Aufgabe. Die Bretter hinderten uns daran, dort im Schnee zu versinken, wo der Panzer uns nicht trug. Das war das Positive. Allerdings überkreuzten sich die Laufgeräte gerne, zumindest bei mir, was eine unfreiwillige Bremsung mit Bodenkontakt nach sich zog. Leena wartete geduldig. Sie hatte ihre Bretter besser trainiert. Der Weg führte uns durch den Wald und sein unübersichtliches Terrain. Bäume gehören zu den schlimmsten Feinden des Skiläufers, vor allem wegen ihrer fehlenden Flexibilität. So perfektionierte ich das Überkreuzen der Skier zu einem kontrollierten Schneepflug mit Bremswirkung, um den unbeirrbaren hölzernen Waldbewohnern auszuweichen. Keine elegante Technik, aber effektiv.

Erleichtert und weitgehend unbeschadet erreichten wir das Ufer des vereisten Sees. Endlich keine Bäume, die sich stur in den Weg stellten. Das Eis war mit Schnee bedeckt. Perfekt für den Schneewanderer, dachte ich und folgte brav der von Leena gestanzten Loipe, die meine Skier wie Gleise in der Spur hielt. Endlich konnte ich einen winzigen Teil meiner Gehirnkapazität von der reinen Bewegungskoordination abzweigen.

Nun war ich mitten in einem Naturfilm. Mehr noch, alle Sensoren waren plötzlich eingeschaltet. In den Ohren nichts als das leise Knirschen des leichten Schnees, sonst kein Laut, kein künstlicher, kein natürlicher. Die Welt war erstarrt und wurde von einer zarten Sonne beschienen. Überall Eiskristalle, die das Licht reflektierten. Der Himmel war nun wolkenlos blau und reichte von Horizont zu Horizont. Sonnenbrillenwetter. Wie allein auf der Welt. Vielleicht war dies ein fremder Planet. Immerhin gab es Sauerstoff, passenden Luftdruck und eine erträgliche Temperatur.

Leena hielt an und deutete in den Schnee.

»Sieh mal, Hasenspuren.«

Tatsächlich, man konnte die Abdrücke der flinken Patten gut erkennen. Zwei nebeneinander, zwei hintereinander. Offenbar war ich mit einer Fährtenleserin unterwegs. Aber die Beobachtung beruhigte. Lütt Matten nahm der Szene das Außerirdische. Sonst wäre ich nicht überrascht gewesen, plötzlich auf eine Filmcrew für »Mission to Mars« zu stoßen.

Die Sonne schien unentwegt auf ihrer flachen Bahn und hatte trotz eisiger Kälte schon einige Felsen frei geleckt. Eine gute Stelle für ein Picknick. Die Beine waren befreit von den Zwängen der Schienenbahn und genossen die freie Bewegung. Ein winziges Uferstück einer Insel hatte sich im Windschatten zaghaft erwärmt, und so labten wir uns an Roggenbrot mit Käse in der lauen Luft, den Oberkörper frei bis aufs Hemd. Die Schuhe schützten uns weiter vor dem Eis. Ein merkwürdiger Kontrast. Dazu spazierten die ersten Ameisen über das Moos, von der Sonne zum Leben erweckt. Jemand musste ihnen verraten haben, dass das Eis zur schnellen Körperstarre führt, denn sie blieben treu auf dem winzigen Flecken von aufgetautem Land. Ich bewunderte die kühnen Pioniere. Genial, wie die Evolution die paar Milligramm an neuronalem Netzwerk programmiert hat. Ob die zarten Geschöpfe die Nacht überstehen würden?

Als wir unseren Weg fortsetzten, stand die Sonne etwas höher über dem Horizont und erwärmte die Körper, auf die sie traf. Zugleich erinnerte die eisige Luft an die Herrschaft des Winters. Dann plötzlich durchzuckte ein metallischer Peitschenhieb die Stille der Welt und jagte durch die endlose Eisfläche. Das urgewaltige Geräusch weckte animalische Instinkte in mir, die irgendwo in den Windungen des Kleinhirns schrien:

Das Eis bricht!

Leena blieb cool.

Gleichmäßig weiter. Richtung Ufer!

Wir setzen unsere Laufbewegungen fort, und ich zwinge mich, dabei gleichmäßig zu bleiben. Schwierig, wenn der Ablauf noch nicht ganz automatisiert ist. »Keine hektischen Bewegungen«. Leenas Stimme ist fest und ernst. Ich bin nun ganz auf ihre Kenntnisse in dieser fremden Welt angewiesen. Da. Wieder dieses elektrische Klirren, das sich über den ganzen See fortsetzt. Wir fühlen eine leichte Erschütterung. Der See scheint zu erwachen. Der Puls jagt. Panik versucht aufzusteigen. Kommt die Eisschmelze so plötzlich? Nur weg.

Ich weiß nicht, wie lange wir dahin gleiten. Wir versuchen zu schweben. Nur keinen starken Abdruck, aber nicht stehen bleiben. Immerhin müssen wir von einem Horizont zum anderen. Mein Geist richtet alle Konzentration auf den sanften Ablauf der Motorik. Kein Raum für Angst. Jeder metallische Peitschenhieb, der das Eis durchschneidet, vergrößert die Konzentration auf die Bewegung. Dennoch bemerke ich, dass die Spur der Skier im Schnee nass wird. Die antiken Skier wissen nichts von Nanobeschichtung und quittieren die Veränderung des Schnees gleich mit Zurückrutschen. Ich habe das rote Wachs in der Tasche für nassen Schnee, wage aber jetzt keine riskanten Manöver.

Wir kommen schlecht vorwärts. Es wird wärmer. Dann passiert es. Ein Ski bricht ein. Mein Herz steht still. Jetzt schon das Ende? »Mama! … My life has just begun.« Was jetzt passiert, erscheint unwirklich. Ich setze die Laufbewegung fort, ziehe dabei automatisch den Ski aus dem Wasser und gleite weiter. Wie im Traum. Leena läuft unbehelligt vor mir, und ich sehe deutlich, wie das Eis unter dem Druck meines Gewichts immer wieder Risse bekommt und wie durch die Risse Wasser auf die Oberfläche dringt. Der See regt sich. Ich bin nicht willkommen. Dazu ächzt er mit seinen überdimensionalen Splittergeräuschen. Ich schüttele meine Zweifel an den Gesetzen der Physik ab und laufe weiter.

»Gleichmäßige Bewegungen!«, ermahnt mich Leena. Ein besseres Bewegungstraining kann man sich nicht vorstellen. Meine gesamte Energie fließt in ein flinkes katzenartiges Schleichen, das mich – unfassbar – nicht einbrechen lässt. Wie ist das möglich? Ich erwarte einen abrupten Bruch, die ungeheurere Kälte des Wassers und das Ende aller Dinge. Stattdessen Knirschen, Splittern. Immer wieder dringt Wasser auf das Eis, dazu die kilometerweiten Peitschenhiebe des erwachenden Sees. Will der See mich nicht verschlingen, nur vertreiben? Endlich das Ufer. Gerettet.

Hier hat der Wind den Schnee zu Wanderdünen aufgetürmt, die nur einen dünnen Eispanzer haben. So brechen wir glücklich ein und schieben uns die letzten Meter durch den brusthohen Schnee zum Sommerhaus, das für uns nun wie eine Rettungsstation wirkt. Angekommen. Für einen Augenblick komme ich mir vor wie Knud Rasmussen bei einer Polarexpedition. Im Unterschied zu Rasmussen haben wir hier eine gemütliche Hütte, die allerdings wie der Rest der hiesigen Welt in einen Schneewittchenschlaf gefallen ist, aus dem sie der Frühling erwecken soll.

Wir arbeiten uns zur Eingangstür vor. Der Frost hat wieder die dicken Bohlen verschoben. So kann die verkantete Tür nur mit Anwendung von Gewalt geöffnet werden. Wir sinken auf der Bank zusammen.

»Das war knapp.«

Leena stimmt zu. Meine Hände zittern. Angst, Schock, Trauma – oder Erschöpfung?

»Bricht der See immer so urplötzlich auf?«

»Eigentlich nicht. Mein Vater meinte, es ist noch sicher.«

»Wie kann es sein, dass wir nicht ganz eingebrochen sind?«

»Keine Ahnung. Seien wir froh, dass wir hier sind.«

Recht hatte sie. Draußen setzte der See seine unsympathische Musik fort. Im Innern der Hütte herrschte noch die Temperatur der Nacht. Die Holzbohlen hatten die Kälte konserviert. Alles war erstarrt. Die klamme Decke bog sich wie Blech. Die Fenster erstrahlten im gleißenden Hell des Schnees, auf dem die Sonne ihre ganze Kraft entfaltete – die Scheiben voller Eiskristalle, die nun indirekt beleuchtet wurden. Eine Symphonie der Formen. Warum nur bot die Natur dieses überschwängliche Schauspiel? Wir waren erschöpft. Sie aber hatte sich gerade einmal zu einem Wimpernschlag geregt.

Glücklicherweise hatte der gute Väinämöinen in Gestalt meines künftigen Schwiegervaters für den Besuch im Frühjahr vorgesorgt und Anzündeholz und Brennholz hinterlassen. Bald brannte im Kamin ein kleines Feuerchen, das dem kältestarren Mauerwerk nicht schaden würde. Schnee schmolz in der Kanne über dem Feuer und lieferte bald die Grundlage für einen wärmenden Tee. Wir spürten sofort die magische Kraft des Heißgetränks. Schon der Becher erwärmte die Hände. Der Mund nahm gierig seine Wärme, auf ohne sich zu verbrühen. Irgendwo im Rachen gingen Signale ans Gehirn mit der Meldung, dass die Temperatur nun endlich steigt. Wir fühlten den Fluss der Wärme in der Speiseröhre und wie er sich in den Magen ergoss und ein wohliges Gefühl verbreitete. Die geringe Menge Koffein belebte schlagartig.

Der Gedanke der knappen Rettung beherrschte uns zu sehr, um länger zu verweilen. So liefen wir den langen Weg über Land nach Hause. Der Brennwert des Käsebrots war mehr als aufgebraucht, als wir in der Sicherheit geheizter und elektrisch beleuchteter Räume ankamen. Unsere Ängste standen uns auf dem Gesicht geschrieben.

»Das Eis schmilzt. Wir wären fast ertrunken.«

Das Gefühl des glimpflichen Ausgangs einer Nahezukatastrophe übertrug sich sofort auf Lea, meine künftige Schwiegermutter, die mit einem sorgenvollen Gesichtsausdruck und einer Anekdote über das Ertrinken bei der Eisschmelze in die Panik einstimmte.

»Das ist doch Unsinn«, fuhr Leenas Bruder dazwischen. »Der Kössi ist doch heute noch mit seinem 40-Tonner über's Eis gefahren. Das ist noch einen halben Meter dick. Ihr seid eben keine echten Finnen.«

Das traf ins Mark. Dass meine Finnisierung unzureichend war, konnte ich leicht akzeptieren. Ich hatte ja gerade erst die Bretter gezähmt. Aber Leena nach einer Abwesenheit von einem Jahr schon auszusortieren?

»Ist Kössi nicht eingesackt?«, gab Väinämöinen zu bedenken.

Das waren ja Nachrichten. Eingesackt im Eis? Mit einem Laster? Ob ich je in diese Kultur einsteigen kann? Immerhin hatte ich ja heute Skilaufen gelernt. An einem Tag. Aber das schien niemanden zu beeindrucken.

»Nur einen Meter tief, gleich am Ufer. Alles kein Problem. Konnte er mit dem Traktor wieder herausziehen.«

Die Konterattacke von Leenas Bruder geriet zu einem Rückzug. Die Luft war raus aus der Häme. So konnte der gute Väinämöinen in Ruhe die ungewöhnlichen Vorgänge erklären:

»Wahrscheinlich gab es zwei Eisschichten. Neulich hat es geregnet, und der Regen ist nachts gefroren. Unter der oberen Eisschicht ist dann etwas Wasser, und die untere Eisschicht hat euch getragen. Gut dass ihr heil zurückgekommen seid. In dieser Jahreszeit gibt es oft Unfälle auf dem Eis.«

Das war das Stichwort für Lea, die nun in aller Ausführlichkeit tragische Ereignisse ausbreitete. Sie hatte ein gutes Gedächtnis für Anekdoten, und davon gibt es reichlich im Sagenschatz des Dorftratsches. Da sterben die Menschen reihenweise. Sie stranden auf Eisschollen, brechen ein, kentern im Eiswasser oder werden von der herabfallenden Schneelast der Bäume oder Dächer begraben, wenn sie nicht vom Bären gefressen werden. Ein Wunder, dass es überhaupt noch Finnen gibt. Aber sie sind eben stark und erfinderisch, und die wenigen, die Jahrtausende in dieser harten Umgebung überlebt haben, sind eben eine ganz besondere Auswahl von fähigen Menschen.

4 Meine erste Lektion: Finnisch lernen durch Osmose

Die Schule des Lebens hält für jeden von uns ihre eigenen Lektionen bereit. Meine erste Lektion in Sachen Finnland betraf die finnische Sprache. Sehr schnell wurde mir klar, dass ein Austausch mit den Menschen im ländlichen Finnland nur durch das gesprochene Wort möglich war. Das von mir gesprochene Wort. In ihrer Sprache.

Wenn man irgendwo etwas über die finnische Sprache hört, wird man gleich schockiert mit den berühmten 15 Fällen – so etwa nach dem Motto: Englisch hat circa zwei, maximal drei Fälle, Deutsch vier, Latein etwa fünf, vor allem den schlimmen Ablativ. Das entspricht etwa der gefühlten Schwierigkeit der Sprachen: Englisch leicht, Deutsch schwer, Latein noch schwerer. Bei 15 Fällen müsste Finnisch dann noch dreimal schwerer sein als Latein. Hoffnungslos.

Den Finnen gefällt der Vergleich. Er verhilft ihnen ja zu ihrem Kultstatus und passt auch gut zu den anderen Extremen ihrer Nation. Sie waschen sich in einem heißen Raum bei 100 Grad. Das ist selbst Afrikanern zu heiß. Dann gehen sie von dem heißen Raum in den Schnee bei minus 30 Grad. Das ist jedem zu kalt. Sie fahren Rallye auf dem See (wenn er zugefroren ist) und lieben viele andere Extremsportarten. Da passt eine extreme Sprache perfekt.

Offenbar erschrecken sie aber ihre Kinder nicht mit den 15 Fällen, wenn sie die Sprache der Eltern lernen. Ich habe selbst gesehen, wie im Nu kleine Muttersprachler aus ihnen wurden. Peinlich. Überholt von einem Vierjährigen.

Finnisch übte schon beim ersten Kontakt eine Faszination auf mich aus. Beim ersten Hinhören konnte ich nichts Bekanntes erkennen. Das hatte sofort den Reiz des Fremden. Ich schrieb bei jedem Besuch Wörter auf und versuchte verzweifelt, die seltsamen Lautfolgen zu behalten. Um die mühsam eingeprägten Lautgebilde im Kopf zu behalten, sagte ich sie mir selbst vor und benutzte sie wo immer möglich. Dabei habe ich sicher viele Menschen ungewollt beleidigt, und ich möchte die falsche Aussprache einiger höchst anständiger Wörter nicht wiedergeben, die eine ganz andere Bedeutung bekamen, sobald sie meinen Mund verließen.

Leena war unschlüssig über meine – zugegeben sehr langsame – sprachliche Verselbstständigung. Zum einen entlastete dies ihre Übersetzungstätigkeit, zum anderen musste sie mich ständig vor Schaden bewahren, zumindest schien sie das zu glauben. Sie hatte sich angewöhnt, meine selbstgebastelten Mitteilungsversuche in anständigem Finnisch zu synchronisieren. Ich muss ihr wohl doch hin und wieder peinlich gewesen sein.

Wie man sieht, vertraute ich nicht auf Sprachunterricht, sondern auf Lernen durch Osmose. Das ist weniger schmerzhaft und mindestens ebenso effizient wie Lernen unter der Folter eines Lehrbuchs. Was man bei Booten unbedingt zu vermeiden sucht, das ist beim Lernen äußerst hilfreich: langsames Durchdringen eines Stoffes durch eine Schutzschicht.

Ja, ich hatte einige Versuche gemacht mit Lehrbüchern, die auch alle voll von grammatischen Drohungen waren, und Lehrmeistern, die in jedem Versuch einer Äußerung mehr Fehler als Worte fanden. Die Lehrbücher enthielten nützliche Texte wie »Oihonna oli höyrylaiva. Ruokasali oli ensiluokkainen. Ruokasalissa oli piano.« (Die Oihonna war ein Dampfschiff. Das Restaurant war erstklassig. Im Restaurant stand ein Piano.) Das war etwa so nützlich wie der Satz, den ich auf Spanisch gelernt hatte: »Havanna es el capital de Cuba.« Was bringt mir der Satz, wenn ich in Barcelona zum Flieger will?

Aus diesem Grund habe ich es abgelehnt, Finnisch nach der Foltermethode zu lernen, und habe mich entschlossen, mich lieber in die Rolle des Kindes zu begeben. Zuerst mal die Aussprache. Natürlich ohne Lallphase. Aussprache konnte man auf der Fähre nach Finnland üben. Dort gab es jede Menge netter junger finnischsprachiger Menschen, die Deutsch mit finnischer Artikulation sprachen. Man lernte ihre Aussprache kennen und konnte sie bei vielen Gelegenheiten imitieren, ohne jemanden zu kränken. Ich bestelle ein Bier: »Ain klaz piirr, pit-te.« Mir gefielen besonders die Doppelkonsonanten wie in »pit-te« oder »hat-te«, was man eher wie »hat-tä« ausspricht. Etwa: »Är hat-tä ainä klainä pit-tä.« (Er hatte eine kleine Bitte.)

Dann die Vermeidung von Konsonantengruppen. Aus Grill wird »rilli«, aus dolmetschen wird »dolmezen«. Da gilt »entweder langsam alles aussprechen oder einen Teil weglassen«, also entweder »aus-s-p-räch-än« oder »ausprächä«. Die zweite Lösung ergibt einen Gewinn an Geschmeidigkeit, aber einen Verlust an Verständlichkeit, denn »ausprächä« könnte auch ein »Ausbrecher« sein. Ich entschied mich daher für die langsamere Variante, die ich dann aber in Geschwindigkeit perfektionierte, bis ich gegenüber Deutschen auf der Fähre glaubhaft einen Finnen darstellen konnte. Das ist natürlich ein gefährliches Spiel, das leicht auffliegen kann, und es ist mir nun nach einigen Jahren auch etwas unangenehm. Vom ethischen Standpunkt betrachtet ist es vielleicht einigermaßen vertretbar, da man ja nicht auf Kosten einer Person zur billigen Komik ihre Schwächen darstellt. Als Aussprachegrundkurs war diese Methode jedenfalls höchst erfolgreich.

Nun lernen wir Wörter. Da gibt es die einfachen, die man aus dem Deutschen oder Englischen selbst basteln kann, wie Post – posti, Bank – pankki, Salat – salaatti, Tanz – tanssi, Lampe – lamppu, und so weiter. Dann gibt es viele Wörter, die sich nur etwas verstellt haben, wie Gold – kulta, Frau – rouva oder Fracht – rahti. Zumindest kann man sich diese Wörter gut merken. Am besten lernt man Wörter ohnehin beim Sprechen, wenn man sie gerade braucht, wie kleine Kinder – und nicht auf Vorrat, ganz ohne Kontext.

Wenn man genau hinschaut, bemerkt man, dass man viele Begegnungen in Geschäften, beim Reisen und sonstigen eher kurzen Begegnungen mit einem sehr geringen Wortschatz bewältigen kann. Man sagt praktisch immer dasselbe. Heutzutage kann man diese Begegnungen auch auf Englisch erledigen. Wenn man aber Finnisch lernen möchte, kann man so schon einmal kleine Bausteine für die Sprache sammeln, und der Versuch wird immer honoriert.

Die kleinen Bausteine und eine gute Aussprache sind wichtig, um den Eindruck zu erwecken, dass man Finnisch spricht. Das braucht man. Sonst ergibt sich keine Gelegenheit, zu üben und mehr zu lernen. Also schon wieder die Leute täuschen? Nein, nicht täuschen. Man kann ja sehen, wie weit die Strategie trägt. Man lernt auf jeden Fall eine Menge dabei. Das konnte ich gleich am Anfang meiner Finnischkarriere erfahren. Mit einigen deutschen Freunden ging ich mutig in eine Bäckerei, um für alle Brötchen zu kaufen. Wir waren neun Personen. Also brauchten wir 18 Brötchen – eine eindeutige Rechnung nach den Regeln deutscher Esskultur.

Kurze Begrüßung – per Formel, dann die Bestellung, auch per Formel:

»Kahdeksankymmentä sämpylää.«

Die Frau war überrascht und fragte nach:

»Kahdeksankymmentäkö?«

Ich bejahte, denn ich hatte beim Sprachlernen erkannt, dass man den Gesprächsfluss erhalten muss. Sonst bricht das Gespräch zusammen und damit die Lernumgebung. »Ja« ist also immer die strategisch richtige Antwort. Die Verkäuferin packte fleißig Brötchen in Tüten, jeweils etwa sechs pro Tüte. Ich erwartete also einige Tüten. Bei der fünften Tüte begann ich eine Rechenoperation. Fünf mal sechs ist dreißig. Sie begann Brötchen in die sechste Tüte einzufüllen. Mein Gott! 36! Was hatte ich gesagt?

»Anteeksi. Kuinka monta sämpylää minä olen tilannut?«

(Entschuldigung. Wielviele Brötchen habe ich bestellt?)

»Kahdeksankymmentä« (achtzig).

An diesem Tag lernte ich die Bedeutung von – kymmentä (-zig) und –toista (-zehn) für immer. Allerdings war ich für einen Tag etwa 20 Zentimeter kleiner. Das ist nun mal der Nebeneffekt des natürlichen Sprachlernens. Man kann nicht dieselbe Person sein, die man sonst ist. Das kostet emotionale Energie.

Zuerst geht es um das sprachliche Überleben. Das war früher dramatischer als heute. Außerhalb des Hafens konnte man sich nicht darauf verlassen, dass man auf Deutsch oder Englisch verhandeln konnte, ob man im richtigen Bus war. So mancher Finnlandreisender fand sich plötzlich bei eisigen Temperaturen und in völliger Finsternis von einem Busfahrer wohlwollend auf einer einsamen Haltestelle ausgesetzt. Wie man sieht, kann in Finnland schon die falsche Aussprache extreme Situationen herbeiführen.

In der Zeit vor den Supermärkten, die auf dem Lande erst spät kam, befanden sich alle Waren hinter der Verkaufstheke, und der Weg zum Hühnerei führte einzig über das Sprechorgan, das das Wort »kananmuna« produzierte. Meine Freunde hatten sich bei der ersten Reise zum Affen gemacht, als sie versuchten, mit Gebärden Hühnereier darzustellen. Die Kaufleute waren bemüht, aber nicht amüsiert. Glücklicherweise waren die Finnen auch damals schon clever, und so konnten die jungen Reisenden dank ihrer überzeugenden Darstellung einer eierlegenden Henne ihre Diät um Hühnereier erweitern – und auch ihren Wortschatz. Nur fanden sie, dass »kananmuna« doch reichlich lang ist für ein simples »Ei«. – Aber sagen wir nicht auch Hühnerei?

Der eigentliche Grund für mein Interesse an der finnischen Sprache ist Leena, die Frau an meiner Seite. Ich lernte schnell ihre Familie und Freunde kennen, von denen einige auch etwas Deutsch sprachen, glücklicherweise aber nicht genug, um mich davon abzuhalten, das Finnische per Osmose aufzunehmen. Die ältere Generation hatte in der Schule mit der Foltermethode Deutsch gelernt – mit dem Resultat, dass die auswendig gelernten Sätze ebenso brauchbar waren wie die, die ich auf Spanisch gelernt hatte.

So kommen wir nach einer Zeit in Deutschland im Winter bei Leenas Eltern zu Besuch. Es liegt viel Schnee, und der Vater begrüßt mich auf Deutsch:

»Es ist Winter. Der Hase leidet im Walde Not.« Dann wendet er sich herzlich Leena, seiner Tochter, zu. Mich überrascht diese ungewöhnliche Begrüßung, und ich denke kurz über den kleinen Hasen im Wald nach. Doch schnell ist die Aussage klar. »Herzlich willkommen im finnischen Winter. Leider hatten wir in der Schule keinen passenderen Text gelernt als diesen. Und ich kenne ihn noch nach 30 Jahren.« Ich fühle mich persönlich angesprochen.

Mein großes Glück bestand darin, dass Lea, meine spätere Schwiegermutter, Karelierin war und durch die kommunikativen Gaben dieses Volksstammes einfach zu gern mit ihrem künftigen Schwiegersohn sprach. Dabei war es überhaupt nicht wichtig, zu verstehen, was sie sagte. Wir tranken Kaffee hektoliterweise und redeten dabei über Gott und die Welt, das heißt sie redete, und meine Aufgabe bestand in der ersten Zeit darin, den Redefluss aufrecht zu erhalten.

Die einfachsten Mittel zur Aufrechterhaltung des Redeflusses hatte ich ja bereits kennen gelernt. Immer zustimmen (»niin«) und manchmal Erstaunen ausdrücken (»vai niin«). Fortgeschrittenere Mittel kannte ich aus ELIZA, einem Computerprogramm, das einen Psychiater imitiert. ELIZA verblüfft den unbedarften Benutzer. Es scheint zu verstehen, was der Patient sagt. Dabei antwortet es einfach mit Versatzstücken wie »Und was haben Sie dabei gedacht/empfunden?«, »erzählen Sie mehr über ...« oder »Ach so«. Man musste nur das jeweilige Thema aus Schlüsselwörtern herausfiltern und diese in die Versatzstücke einsetzen. Ich erprobte die ELIZA-Strategie dann auch auf der Fähre bei mitteilsamen Reisenden. Verblüffend. Probleme entstanden erst, wenn die »Patienten« selbst Fragen stellten. Glücklicherweise sind auf der Fähre Begegnungen flüchtig.

So entwickelte sich ein wachsendes Repertoire an Versatzstücken, die ich dann in einer ruhigen Minute auf ihre Struktur hin untersuchen konnte. Erstaunlicherweise waren viele der komplizierten Endungen bereits in den Versatzstücken enthalten. Wenn sie einmal fehlten, gab es trotzdem kein negatives Feedback von den Eigentümern der Sprache. Der große Vorteil besteht darin, dass der Kommunikationsfluss nicht durch unnötiges grammatisches Wissen blockiert wird und ich ganz ahnungslos meine Fehler machte, bis ich sie selbst entdeckte, also diejenigen, die ich bisher entdeckt habe. Die anderen sind mir noch unbekannt und hemmen daher auch nicht meine Kommunikationsfreude.

5 Es kommt Besuch

Ich kann nicht sagen, ob es meine damals noch höchst bescheidenen Finnischkenntnisse waren oder ob ich im Getriebe meiner finnischen Familie eine zu unbedeutende Rolle spielte. Jedenfalls wurde ich überrascht von der Spannung, die schon früh am Morgen über der herrlichen Holzvilla meiner Schwiegereltern lag. Leena und ich waren im Kaminzimmer untergebracht. Ich hatte – wie üblich – eine dicke Decke vor das Fenster gehängt, um nicht von der rotgelben Helligkeit der früh aufgehenden Sonne geweckt zu werden, als mich das endlose Scheppern von Kochtöpfen aus dem Tiefschlaf riss.

In meiner Familie kursieren Geschichten von meiner unerschütterlichen Schlaffähigkeit. Durchschlafene Gewitter, Halbschlaf bei einer Nachtwanderung oder das überschlafene Sturmklingeln meiner Eltern, die spät in der Nacht von einer Einladung heimkehrten. Ein klarer Fall für den Schlüsseldienst. Den Klang eines einzelnen Kochtopfs hätte ich gar nicht bemerkt. Aber dies war ein kakofonisches Konzert aller Kochtöpfe.

Es war gegen fünf Uhr früh. Ich quälte mich in die Küche und wurde von der gleißenden Helligkeit der Morgensonne geblendet.

»Hyvää huomenta Punahilkka, miltä maistuisi kahvitilkka?«

(Auf Deutsch etwa: Guten Morgen, Rotkäppchen, kleines; wie wär's mit 'nem Tässchen Kaffee, feines?)

Lea, meine Schwiegermutter, hatte mir diese Sprüche über das miesepetrige Rotkäppchen andressiert, und unter normalen Umständen hätte ich die dichterische Antwort auf die Einladung zum Kaffee fehlerfrei wiedergegeben. Aber jetzt musste sie als belustigte Oberlehrerin den Text selbst zu Ende führen.

»Kahvi on aivan liian kuumaa, kieltäni polttaa, päätäni huumaa! «

(Ach, der Kaffee ist viel zu heiß, den Mund verbrennt's, das Haupt voll Schweiß!)

»Mitä tapahtui?« (Was ist passiert?), fragte ich sie, um uns in die Realität zurück zu führen.

»Saako olla kahvia, kultaseni?«

(Wie wär's mit einem Kaffee, mein Goldstück?)

Ich willigte ein und war doch kein Stückchen weiter gekommen. Es folgte eine dieser bemerkenswerten Unterhaltungen, zu der ich nicht mehr als »vai niin«, »ja sitten?« (und dann?) oder »voi, voi« beitragen musste und durfte.

Dazu wurde der Kaffee mit Sahne getrunken und reichlich Zucker. Der Vortrag kreiste um die verschiedenen Mitglieder der Dorfgemeinschaft. Siiskosen Elli, eine ganz Schlimme. Der Pokela. Und auch der etwas voreingenommene Herr Pastor. Dann ging es über zu den Verwandten.

Der Kaffee hatte seine Wirkung. Angekommen in der Wirklichkeit, bemerkte ich zuerst einen strengen Geruch von Gebratenem. Fleisch, Zwiebeln, Fett. Lea hatte die Lüftungsklappe am Fenster geöffnet, die mit dem Bratengeruch völlig überfordert war. Fensteröffnen ist hier architektonisch nicht vorgesehen. Ich sog tief den Geruch meines gesüßten Sahnekaffees ein, der mir mehr zusagte als Gebratenes zum Sonnenaufgang. Die Opfer der Schlacht waren wahllos in der Küche verstreut. Überall lagen Töpfe, Schneidebretter, Messer und Kochlöffel. Dazwischen Kartoffeln, Zwiebelschalen und Karotten. In dem riesigen gusseisernen Topf im Ofen köchelte etwas dem Morgen entgegen. Erst später wurde ich aufgeklärt: Karjalanpaisti, der karelische Fleischtopf, und die dazugehörigen Wurzelgemüseaufläufe, das Nationalgericht der Karelier – und wirklich lecker zur richtigen Tageszeit.

Ungewollt hatte ich für die anderen Schlafenden Ruhe hergestellt. Gegen sechs steckte Leena schlaftrunken den Kopf in die Küche.

»Mikäs meteli täällä on?«

(Was war denn der Lärm?)

»On paljon tekemistä.«

(Es gibt noch viel zu tun.)

Die Antwort kam im belehrenden Ton von der regierenden Frau, die sofort zu werkeln begann. Leena machte sich etwas zum Frühstück, begrüßte mich nebensächlich, und die beiden Frauen sprachen in einer für mich zu hohen Geschwindigkeit. Dabei fielen wieder die Namen von Verwandten. »Der Klan meines Vaters kommt«, sagte Leena knapp und bestimmt zu mir in einer der seltenen Atempausen ihrer Mutter.

Wenig später war Terttu aufgewacht, die Frau von Leenas Bruder, die mit ihrer Familie ebenfalls zu Gast war. Sie machte ihre Gegenwart sofort durch eine laute Frage bemerkbar:

»Täällä te olette. Salaseurako teillä on?«

(Ah, da seid ihr. Geheimversammlung?)

Lea wiederholte ihre Regierungserklärung von »viel zu tun« und erhöhte die Geschwindigkeit ihrer Bewegungen. Da war sie wieder, Akkavalta, Frauenheerschaft. Uralte Muster aus grauer Vorzeit wurden blitzschnell aktiviert. Terttu war sofort am Ball, noch ohne Kaffee, und nahm den Wettkampf auf. Radikales Putzen war angesagt.

Germanische Krieger wurden im Kampf beflügelt durch den sehnlichen Wunsch, von einer Walküre für Walhall erwählt zu werden. Finnische Frauen müssen einen ähnlichen Bund mit dem Jenseits geknüpft haben, vielleicht durch einen geheimen Zugriff auf den magischen Sampo, nur geht es hier nicht um rohe Kampfeslust, sondern um geschickt eingesetzte Energie.

Mir waren die strategischen Abläufe eines solchen Wettkampfs zu diesem Zeitpunkt noch völlig unbekannt. Überhaupt konnte ich lediglich erkennen, dass aus mir unbekannten Gründen die Spannung stieg. Ich machte mich innerlich bereit zum Staubsaugen und verkleidete mich entsprechend.

Nun traten auch Vater und Sohn auf die Bühne. Der weise Väinämöinen begrüßte kurz die Runde und nahm der Herrscherin über Pohjala den Wind aus den Segeln, indem er mit festen Handgriffen die langen Flickenteppiche aufnahm, um sie auf der Teppichstange auszuklopfen, noch bevor er seinen Haferbrei kochte. Das war ein geübter Präventivschlag.

»Otapas imuri esille, kultaseni.«

(Du könntest schon mal den Staubsauger nehmen, mein Goldstück.)

Mit dieser Anweisung für mich hatte Lea wieder Oberwasser. Der brave Schwiegersohn fügte sich. Widerstand wäre aus sprachlichen und strategischen Gründen zwecklos. So hatte ich nun für einige Zeit ein ungestörtes Territorium und konnte daneben meine anthropologischen Beobachtungen fortsetzen.

Leena mischte geduldig mit. Sie war ja die Tochter des Hauses. Terttu dagegen wollte nach Walhall. Sie buhlte um den Respekt der Schwiegereltern. Die Geräusche aus der Küche übertönten den Bosch-Staubsauger bei weitem. Gefiltert durch mein noch unterentwickeltes Finnisch erkannte ich langsam, dass Terttu jede Anweisung Leas durch noch gründlicheres Putzen übertrumpfte. Wies Lea sie an, die Herdplatten zu säubern, dann legte Terttu zu und putzte auch den Backofen, dass es krachte. Begann Lea die Türen der Einbauküche abzuwischen, so räumte Terttu die Schränke leer und putzte sie auch von innen, mit Getöse.

Bald waren alle Kämpfer erschöpft, und Lea bot versöhnlich einen Morgenkaffee an (sicher der dritte für sie und der zweite für mich), aber Terttu war nicht zu stoppen. Sie hatte die Böden gewischt und jagte jetzt über die Wände.

Dem guten Väinämoinen, sonst die Ruhe selbst, entwich jetzt der einzige giftige Spruch, den ich jemals von ihm hörte.

»Pesepäs vielä laipiot!«

(Dann wasch doch auch noch die Zimmerdecken!)

Damit verschwand er in seine Gemüsebeete, gefolgt von seinen Enkelkindern, die seinen Schutz suchten und nun in Frieden seine frischen Erbsen aus den Schoten puhlten. Lieber hätte er seinen Haferbrei zum Frühstück gegessen. Aber so bot er den Kindern einen sicheren Hafen und schaute sich mit ihnen noch an, ob die Möhren schon groß genug sind, um sie zu probieren, wie sauer der Rhabarber ist und ob die Johannisbeeren schon rot sind.

Da nun die Ordnung für finnische Verhältnisse fast wieder hergestellt war, lohnt es sich zu fragen, was denn der Morgen gebracht hatte. Eigentlich viel Gutes. Das Essen war gemacht. Das Haus war geputzt. Ob die Zimmerdecken gesäubert wurden, ist nicht überliefert. Die Schwiegertochter hatte sich profiliert. Die Enkelkinder fanden im Gemüsegarten ihren Segen. Jeder hatte seinen Beitrag geleistet. Das alles war sehr positiv. Es ist doch merkwürdig, mit wie viel Stress dies geschah. Hat Akkavalta nun diese Ergebnisse hervorgebracht oder eher den Stress, den alle dabei ertragen mussten?

Lea jedenfalls war vollauf mit sich und der Welt zufrieden und bot allen fröhlich Kostproben der karelischen Küche an, auch denen, die sich in irgendwelche Winkel zurück gezogen hatten.

»Eiks oo hyvää?«

(Lecker, ne?)

Es WAR lecker. So fiel es auch den Vertriebenen nicht schwer zuzustimmen, und Frieden kehrte ein.

6 Ankunft der Gäste

Frieden lag also über der Landhausidylle. Die Flagge wehte stolz am Mast. Die Sippe war herausgeputzt und hatte sich emsig über die interessantesten Stellen des dörflichen Anwesens verteilt. Das Kellergewölbe war heute aus Sicherheitsgründen gesperrt. Stattdessen hatten die Kinder Interesse an einem überflüssig gewordenen Nebengebäude gefunden, das der älteste Neffe mit seinem Vater »Sotamuseo« (Kriegsmuseum) getauft hatte - deutlich lesbar auf dem Balken über dem Eingang. Hier lagerten geheimnisvolle Schätze aus einer Zeit, die die Kinder nicht verstehen konnten – und ich eigentlich auch nicht. Seltsam. Das wäre bei uns unmöglich gewesen. Krieg war tabu. In der Schule wurden wir immer wieder darüber aufgeklärt. Dies hier war ein unpolitisches Gruselkabinett. Pädagogisch nicht wertvoll, aber sehr spannend.

Der VW-Käfer stand fahrbereit vor der Scheune, seinem Zuhause, und strahlte noch immer im schönsten Rot der siebziger Jahre. Die Schwiegereltern lasen am Gartentisch unter dem Flaggenmast die zwei obligatorischen Zeitungen. Einige jüngere Erwachsene hatten sich redend oder lesend in den kleinen Holzpavillon zurückgezogen. Alle waren lange vor der Ankunft des Besuchs bereit für die Zusammenkunft. Wer weiß, wann sie kommen.

Ich hatte keine genaue Vorstellung von der Zahl der Menschen, die sich angesagt hatten oder was sie tun, nur dass es sich um Verwandte des Schwiegervaters handelt und dass seine »große Schwester« kommt, Tilda-Täti, die zwei Jahrzehnte älter war als ihr kleiner Bruder. Für mich hatte ein so hohes Alter etwas Mystisches. Mein Schwiegervater war nur zehn Jahre jünger als meine Oma, die schon alt und schrumpelig war. Oma hatte »Malässen mit-te Knie un-de Beine«, war schwerhörig und hatte immer Kopp-Piene. Wie konnte man dann noch zehn Jahre älter werden?

Tilda-Täti kam den langen Weg von Lappland im Gefolge ihrer Tochter und ihres Schwiegersohnes. Zeitgleich kamen andere Leute, die sich später auch als Verwandte väterlicherseits entpuppten. Die Einfahrt der Gäste durch die Birkenallee am Eingang des Anwesens hatte bei wehender Flagge etwas Majestätisches. Der genaue Anlass ist mir nicht klar geworden. Irgendein Jubiläum.

Die uralte Tante war nach der langen Fahrt quietschfidel. Keine Malässen, keine Piene. Sie ging nicht am Stock, war nicht schwerhörig und ließ sich gern von dem angeblich jungen Bruder bedienen. Sie war auch nicht schrumpelig wie meine Oma. Leena war stolz auf ihre Gene. »Wir sind recht langlebig.« Gute Aussichten.

Die Gastgeber hatten bei der Ankunft der Gäste Haltung angenommen und blieben während des Besuches in ihren Bewegungen etwas steif. Es gab den bekannten Kahvipöytä, und ich war nun soweit akkulturiert, dass die Geschichte mit der Sahnetorte nicht noch einmal passierte. Jetzt im Sommer konnte man auch viel leichter einen Rückzugsraum im Freien finden.

Sprachlich ergab sich ein enger Spielraum. Leena war mit der Assistenz von Pohjalan Akka gut beschäftigt und brauchte keine zusätzliche Ablenkung durch Übersetzungstätigkeiten. Herr Pastor war ein gar strenger Mann, der auch Deutsch sprach. Die Anzahl der gemeinsamen Interessen war aber sehr überschaubar.

So nahm mancher Gast meine Anwesenheit zum Anlass, seine Schulbildung durch einige Worte Deutsch vorzuführen.

»Guten Tag, mein Herr. Hocherfreut, Ihre Bekanntschaft zu machen. Im Hamburger Hafen stehen die Schiffe Mast an Mast.«

Die Lehrbücher stammten offenbar noch aus der Zeit vor der Dampfschifffahrt. Meine Worte und meine Aussprache waren ihnen weitgehend unbekannt. Und so beließ ich es bei einem freundlichen Lächeln und einem gefälligen »Ah, die Dame spricht Deutsch!« Das war die Bestnote. Danach verschwand die Sprecherin mit ihrer Auszeichnung in dem Gewirr der Gäste und erntete von den Artgenossinnen Anerkennung.

Dann war es Zeit für die Vorführung des angeblich sprachbegabten Schwiegersohns. Wir sitzen mit der zehnten Tasse Kaffee in einer fast entspannten Runde, als Lea unvermittelt zu einer der Tanten im anderen Zimmer ruft:

»Kysypäs nyt meidän vävyltä jotain. Hän puhuu suomea.

Minä olen häntä opettanut.«

(Jetzt frag mal meinen Schwiegersohn etwas. Er spricht Finnisch.

Ich hab' ihm einiges beigebracht.)

»Spricht Finnisch« war natürlich eine maßlose Übertreibung. Unser Hund versteht auch Deutsch, aber sein Wortschatz ist auf etwa zehn Einheiten beschränkt. Andererseits hatte ich ja einige Dialoge schon oft durchgespielt. Das klang dann recht überzeugend. Beigebracht? Ja, sicher: die schönen Sprüche und Redewendungen aus dem neunzehnten Jahrhundert.

Sie hatte auch versucht, mir mit viel Kaffee die angeblichen vierzehn bis sechzehn Fälle des Finnischen einzuflößen. Immerhin kannte sie alle ihre Namen; als würde das helfen, die dazugehörigen Endungen im Gespräch sinnvoll einzusetzen.

Die eigentlichen Überraschungen stecken gar nicht in diesen Endungen. Die haben die Finnen nur als erstes Abschreckungsbollwerk eingeführt. Eine besondere List ist ihr Partitiv. Um Eindringlinge in ihre Sprache zu verwirren, haben sie alle Artikel abgeschafft. Damit man trotzdem weiß, ob man das (bestimmte) Brot oder irgendein Brot essen soll, hängt man die Partitivendung an das unbestimmte und den Genitiv (ja wirklich) an das bestimmte Brot. Klar, nicht? Da die Finnen nun mal die Partitivendung erfunden haben, verwenden sie sie gern und häufig. So trinken wir nicht einfach Milch, sondern immer nur einen Teil der zur Verfügung stehenden Milch. Dasselbe natürlich für Bier, Wasser, überhaupt alles, was man essen und trinken kann. Ökonomisch sinnvoll und grammatisch etwas mühselig – zumindest für uns Eindringlinge.

Schlimmer noch. Selbst wenn sie jemanden sehen, hängen sie den Partitiv dran, wenn sie die Person nicht ganz oder nicht ganz bestimmt gesehen haben. »Näin sinua.« Also »Ich sah dich«. Aber nur zum Teil oder nur kurz. Wenn sie die Person ganz oder ganz sicher gesehen haben, heißt es »Näin sinut«.

Schon diese kleine Innovation verhilft dem Finnischen zu kaum vorstellbaren Nuancen im Ausdruck. Sagte doch die gute Lea »Eiks oo hyvää?« über ihren Karjalanpaisti. »Hyvää« mit langem »ää« heißt »gut« im Partitiv. Das ist einigermaßen bescheiden. Eben nicht absolut gut, sondern ein wenig davon. Wie unbescheiden es dagegen klingt »Eiks oo hyvä?« Da macht sich der Sprecher zum absoluten Maß der Dinge. Ziemlich arrogant. Dabei hängt dieser Unterschied in der Darstellung seiner Persönlichkeit einzig an der Länge eines Vokals.

Was wirklich geholfen hatte, war Leas unbeirrbares Mitteilungsbedürfnis. Sicher hatten wir so manches Mal einträchtig aneinander vorbei geredet, aber immerhin geredet.

»Mitä sinä oikein teet yliopistolla?«

(Was machst Du denn so an der Universität?), kam die unvermittelte Frage einer Tante, die es gewagt hatte, den sprachlichen Eindringling anzusprechen.

»Soveltava kielitiede.«

(Angewandte Sprachwissenschaft.)

Die Aussage war inhaltlich nicht ganz korrekt, aber die Worte wirkten offenbar.

»Hyvin sovellettu!«

(Gut angewandt!)

Die Tante verschwand mit einem Lacher und wandte sich gleich anderen Verwandten zu.

»Lea on oikeassa. Kyllä se puhuu ja vastaa tosiaan. Kokeilepas sinäkin.

(Lea hat recht. Er spricht. Er gibt richtig Antworten. Probier Du auch mal.)

»... oletko onnellinen Leenan kanssa?«

(Und ... bist Du glücklich mit deiner Leena?)

»Suomi on ihana ja täällä on mailman parhaat naiset.«

(Finnland ist ein Traum und hat die besten Frauen der Welt.)

Kaum war die Antwort gesprochen, da wandte sich die Fragerin ihren Vertrauten zu:

»Kuulitteko? Maailman parhaat naiset!«

(Habt Ihr das gehört? Die besten Frauen der Welt!)

Gekicher bei den Damen. Skeptische Blicke bei den Herren. Das war ja ein schöner Zirkus. Ungefähr so hatte ich mir als Jugendlicher die Begegnung mit einer Intelligenz »vom anderen Stern« vorgestellt. Andererseits war die Rolle des sprechenden Ausländers nicht wirklich unschmeichelhaft und zu der Zeit äußerst innovativ.

So kam es, dass wir uns an diesem Tag alle verstellt hatten und trotzdem höchst zufrieden mit uns waren.

7 Die Karbonskier

Skilanglauf ist eine Leidenschaft. Ich kann nicht genau rekonstruieren, warum sie mich gepackt hatte. Mein erster Kontakt mit Langlaufskiern kann nicht der Grund gewesen sein. Der war eher traumatisch. Zumindest in meiner Wahrnehmung wäre ich um ein Haar unter der aufbrechenden Eisdecke des Puula-Sees ertrunken. Irgendwann aber entfesselte die Laufbewegung eine Euphorie, die ungeahnte Energien freisetzen konnte. Leichtfüßig schwebt, man durch die Landschaft, vorangetrieben nur vom menschlichen Stoffwechsel und bewegt sich mühelos durch die schöne Welt.

Vielleicht habe ich den Weg dorthin verdrängt. Irgendwie muss ich die Technik erlernt haben, vermutlich aber nicht aus dem rororo-Sachbuch »Skilanglauf: Training, Technik, Taktik« mit pädagogischen Schwarzweißfotos von Theorie- und Praxiskursen. Es steht in meinem Bücherregal neben anderen Hobbytrockenkursen. Erst die Theorie, dann die Praxis. Für Finnen völlig unverständlich, wenn es um praktische Dinge geht. Theorie des Fischens. Theorie des Saunierens. Theorie des Atmens …

Aber an Ausrüstung glauben sie in diesem Fall schon, die Finnen – sogar so sehr, dass sie eine ganze Industrie des Langlaufs aufgebaut haben, die sich über alle Jahreszeiten erstreckt. Im Winter verkaufen sie Skier mit Skistöcken, im Sommer Skistöcke ohne Skier und nennen es »Nordic Walking«. Daraus ergibt sich dann in unseren Breiten wieder ein Feld für Theoriekurse, die sich gut vermarkten lassen. Offenbar haben die Finnen erfolgreich die Vermarktungsstrategien von TupperWare auf ihre Ski-Industrie übertragen. Mal wieder clever.

Also war es nicht peinlich, in voller Montur in Finnland Langlauf zu betreiben – ganz anders als beim Fischen. Meine Skier und Stöcke waren von der Firma Järvinen, die Schuhe und Bindungen von Salomon, ebenso die Kniestrümpfe (ja, wirklich). Handschuhe, Kniebundhose, Jacke, Utensiliengürtel und Unterwäsche markenlos. Der Utensiliengürtel war sehr nützlich zur Aufbewahrung von Skiwachs und vielleicht einem Energieriegel. Die Kniebundhose lässt es erahnen: Die Begebenheit lag nicht in der Zeit der Mobilfunknetze, aber schon in der Zeit der Karbontechnik, besonders bei der Firma Järvinen, die meine Skier aus Karbonfasern gefertigt hatte, keine breiten Treckingskier mit 75mm-Bindungen, sondern schöne schmale Renngeräte mit einer 35mm-Bindung von Salomon, dazu passendes Schuhwerk.

Leider hatten die Karbonfasern ihr Versprechen nicht gehalten, und so nahm ich die Gelegenheit wahr, bei der nächsten Winterreise nach Finnland direkt beim Hersteller vorbei zu fahren und mich nach dem Zustand der Fasern zu erkundigen.

Leena glaubte nicht an Karbonfasern und war der Ansicht, dass ich sprachlich bestens gerüstet sei, den Zustand dieses Werkstoffs in meinen Sportgeräten selbst auf Finnisch zu erörtern. So legte ich mir im Geiste einige der zentralen Begriffe im Kopf zurecht. Was brauchen wir denn da? Skier, na klar. Sukset. Aber was heißt denn Karbonfaserskier? Karbon ist so was wie Kohle, also hiili. Und Faser? Da gibt's doch die Boote aus Glasfaser. Lasikuituvene heißen die, und im Müsli sind reichlich kuituja. Das sind ja auch Fasern. Dann versuchen wir's mit hiilikuitusukset. – Ankunft im Empfang:

»Anteeksi, olen hiihtäjä Saksasta ja haluaisin puhua asiantuntijan kanssa hiilikuitusuksista.«

(Entschuldigung. Ich bin ein Skiläufer aus Deutschland und möchte mit Fachleuten über Karbonfaserskier sprechen.)

Ich musste mein Anliegen kurz formulieren. Sonst würde ich straucheln, und ich wollte ein längeres Gespräch vermeiden. Mit meinem begrenzten Vokabular und einer noch begrenzteren Grammatik brachte ich also diese klare, wenn auch deutsch formulierte Bitte zustande. Nur bekam ich bald Bedenken, ob ich vielleicht den falschen Eindruck erweckt hatte.

Die Frau vom Empfang war sehr nett und ansehnlich, soweit ich das bei dieser mentalen Anstrengung erkennen konnte. Sie blickte mich fest an, schien fast zu lächeln, produzierte eine längere Äußerung, von der ich nichts verarbeiten konnte, stand entschlossen auf und lief mir voran zu einer Tür. Offenbar sollte ich ihr folgen. Die Tür führte in eine große Halle. Dort sprach die sehr nette und ansehnliche Frau mit einem Mann in einem weißen Kittel. Es fielen die Worte »hiihtäjä« und »Saksasta«. Sicherheitshalber wiederholte ich hier meine mühselig konstruierte Bitte.

»Anteeksi, olen hiihtäjä Saksasta ja haluaisin puhua asiantuntijan kanssa hiilikuitusuksista.«

Ich kann die Antwort nicht wahrheitsgemäß wiedergeben, weil sie meine sprachlichen Fähigkeiten bei weitem überstieg. Ich bekam ein ungutes Gefühl, denn es kamen Wörter vor, die darauf schließen ließen, dass ich hier nicht in der Garantieabteilung war, vor allem das Wort »insinööri«. Die Ähnlichkeit zu

»Ingenieur« ist überdeutlich. Es war die Entwicklungsabteilung. Ruhe bewahren und die Konversation aufrecht halten. Also fabulierte ich:

»Hiilikuidut minun suksissa murenivat jo ensimmäisen vuoden aikana.«

(Die Kohlefasern meiner Skier bröselten schon im ersten Jahr.)

Auch die Antwort darauf kann ich nicht wiedergeben. Der Mann im weißen Kittel produzierte freundlich weiter unbekannte Wörter und lief nun voran in die nächste Etage, klopfte an einer Tür, die zu einem großen Raum mit Chefausstattung führte. Der Chef war ein Mann mit fröhlichem Gesicht von Mitte Fünfzig, der dem Essen zugeneigt war. Wieder fielen die Worte »hiihtäjä« und »Saksasta«.

Der Chef wandte sich mir freundlich zu:

»Harvinainen vieras Saksasta. Missä joukkueessa sinä hiihdät ja mistäpäin Saksasta olet?«

(Seltener Besuch aus Deutschland. In welcher Mannschaft läufst Du denn und wo genau in Deutschland?)

Ich hätte im Boden versinken können. Der insinööri verließ den Raum, und der Chef bat mich, in einem der Ledersessel Platz zu nehmen. Das Ende der Welt nahte. Ich war im letzten Jahr in Betriebsmannschaft Nummer vier gelaufen. 10 Kilometer in einer Zeit, die man hier nicht erwähnen sollte. Ich sprach von Niederbayern, der langen Saison dort und dass die Skier der Firma Järvinen dort von allen Finnen sofort erkannt wurden – also keine Lügen. Er fragte nach meiner Platzierung und war vom dritten Platz recht beeindruckt.

«Hiilikuitutekniikka on todella menestyksellinen.«

(Die Karbontechnik ist halt überlegen.)

Das war der Anknüpfungspunkt. Ich erwähnte die bröselnden Karbonfasern.

»Olet tainut hiihtää kovasti. Minä soitan hallille ja pojat antavat sinulle parhat mahdolliset sukset. Kiitos käynnistä. Oli mukava tavata.«

(Da bist Du aber viel unterwegs gewesen. Ich ruf mal unten in der Halle an. Die sollen dir mal das beste Paar heraussuchen. Schön, dass Du vorbei gekommen bist.)

Leena war nicht im Geringsten vom Erfolg meiner Mission beeindruckt.

»Klar, war doch eine Garantiesache.«

8 Der Lauf der Gestirne

So hatte ich nun die besten Karbonskier der Welt und brannte darauf, sie einem Praxistest zu unterziehen. »Ist die beleuchtete Loipe schon gespurt?« stresste ich meine Schwiegermutter, die sofort herum telefonierte. Die Rennskier waren hochgezüchtet und brauchten eine vorgestanzte Bahn, anders als die universellen Holzskier von Leenas Vater.

Es lag reichlich Schnee, war aber nach den örtlichen Konventionen zu kalt zum Ski laufen. Minus 25 Grad.

»Sinulta jäätyy silmät kiini«, warnte Lea.

(Da frieren Dir die Augen zu).

Die Augen frieren zu? Noch ein Dorfmythos. Die rettende Nachricht kam um 13 Uhr. An der Grundschule wurde heute eine Loipe gespurt. Um 13.30 war ich an der Grundschule. Mit meinen Karbonskiern, Salomon-Schuhen, 35mm-Bindungen, Kniebundhosen, leicht wattierter Jacke und meinem Utensiliengürtel. Alles in Blau-Weiß, den Nationalfarben. Das Gesicht eingefettet, um der Temperatur zu widerstehen, und mit einem unbändigen Drang nach der Loipe. Die Skier gewachst für sehr niedrige Temperaturen.

Die Spur war fest. Die Sonne schien zu den 25 Grad Kälte, und ich wunderte mich, worin die Dörfler das Problem sahen. Es lief doch gut. Sehr gut sogar. Die ersten dreißig Minuten vergingen unbemerkt. Ich glaubte damals noch, dass der Körper nach diesem Zeitraum auf Fettverbrennung umstellt, und konnte das unendliche Energiepotential förmlich fühlen, das nun angezapft schien. Alles verlief unwirklich, fast ohne mein Zutun. Die schöne Winterlandschaft flog an mir vorbei. Den Hügel hinauf im Schlittschuhschritt – eingeführt von Pauli Siitonen – und den Hügel wieder hinab. Der Rhythmus war leicht. Ein schöner Trab.

Aber dann. Unvermittelt stand ich mitten im Wald vor dem Spurgerät, eine Art Schlitten, der vom Schneemobil abgekoppelt war. Das war das Ende der Gleise für mein Sportgerät. Weiter führte nur die platte Bahn des Schneemobils. Ich hielt inne, und mir wurde klar: Du brauchst einen guten Plan. Es war 14.30. Ich war seit einer Stunde unterwegs. Wenn ich umkehre, brauche ich eine weitere Stunde für den Rückweg. Dies ist nicht die beleuchtete Loipe. Die Sonne geht gegen 15 Uhr unter. Das könnte schwierig werden.

Option zwei wäre, der Spur des Schneemobils zu folgen. Das bringt mich sicher zum Haus des Schneemobilfahrers. Außerdem hat die Loipe bisher fast einen Kreis beschrieben, zuerst nach Süden, dann zurück nach Norden. Also sind wir dem Ausgangspunkt nahe.

Die Denkpause hatte nicht mehr als ein, zwei Minuten gedauert, aber ich bemerkte schnell den Wärmeverlust. Meine Kleidung war nicht für tiefe Temperaturen geeignet. Nur im ständigen Trab konnte ich den Wärmeverlust ausgleichen. Schnell und zuversichtlich entschied ich mich für Option zwei.

Tatsächlich kam ich auf der gewalzten, breiten Spur des Schneemobils gut vorwärts. Der Schnee war hart genug für die schmalen Skier. Mich erfüllte eine gewisse Genugtuung darüber, dass das Gerät auch außerhalb der gestanzten Bahnen wirksam war. Jetzt aber schnell zurück zum Ausgangspunkt.

Die gewalzte Bahn zog sich durch wechselndes Terrain im dichten Wald, mal auf, mal ab. Die Schatten der Bäume wurden in der untergehenden Sonne unendlich lang. Die Landschaft war in goldenes Licht getaucht, unwirklich verstärkt von einem Film winzigster Eiskristalle, der alles Sichtbare überzog.

Punkt 14.47 Uhr war Sonnenuntergang. Die Augen gewöhnten sich schnell an das dunkler werdende Dämmerlicht. Spätestens jetzt würde heutzutage das Mobiltelefon klingeln. »Wo bleibst Du denn?« Ich aber befand mich noch einige Jahre vor der Einführung dieser Technologie und war ganz auf mich gestellt.

Die Sterne kamen hervor und beleuchteten die Szene auf das Minimalste. Das Weiß des Schnees und die Kristallschicht, die auf allem lag, halfen, die Konturen der Bäume zu erkennen. Die Temperatur sank. Der Schnee wurde stumpfer. Ich horchte nach innen und war froh, dass die Energiereserven weiterhin unbegrenzt schienen. »Ich muss immer weiter laufen. Dann kann mir die Kälte nichts anhaben«, ging es mir durch den Kopf. Meine Zuversicht war ungebrochen.

Weiter auf der Bahn des Schneemobils. Und plötzlich … ein Sturz, zwei, drei Meter tief in den weichen Schnee. Das Gelände war unübersichtlich geworden. Das Geröll der Eiszeit bildete hier die bekannten kleinen Hügel, die jetzt mit reichlich Schnee bedeckt waren. Es war unmöglich, die Bahn des Schneemobils zu finden. Ich musste mich orientieren. Die Fortbewegung gelang auch im lockeren Schnee, der noch nicht zu tief war – aber mit gesteigerter Vorsicht. Ein Unfall wäre jetzt sehr unpassend.

Am Himmel waren nun alle Sternbilder klar zu sehen, wenn die Bäume sie frei gaben. Ich hatte als Zwölfjähriger mein erstes Teleskop als Bausatz gekauft und zum ungefragten Stolz meiner Eltern vom Garten aus den Nachthimmel beobachtet. Daher fiel es mir nun nicht schwer, das Sternbild des Großen Wagens und durch die Verlängerung seiner Hinterachse den Polarstern im kleinen Wagen zu finden. Das war praktisch, denn ich musste mich nach Norden bewegen.

So hatte ich nun ein klares Ziel und fand auch einen neuen Rhythmus durch den ungestanzten Schnee. Die Rückkehr zum Ausgangspunkt war also nicht so einfach, wie ich dachte. Gehen wir einmal vom schlimmsten Fall aus. Ich fände nicht zurück. Dann müsste ich bis zum Morgen laufen, um nicht zu erfrieren. Sonnenaufgang war 9.30 Uhr. Das wären 18 Stunden. Nicht gerade beruhigend. Aber der Weg nach Norden müsste durch das Dorf führen. Es ist ja großflächig.

Mit diesem Gedanken setzte ich meinen Lauf im stumpfer werdenden Schnee fort. Dabei hielt ich immer wieder Ausschau nach dem großen und dem kleinen Wagen, um den Polarstern zu fixieren. Die Umgebung war abgesehen vom Licht der Sterne völlig dunkel und absolut still. Die Wildnis übte sonst einen unwiderstehlichen Reiz auf mich aus. Jetzt wäre ich geradezu ekstatisch gewesen über jedes noch so kleine Kunstlicht oder ein Motorengeräusch. Aber nichts. So entwickelte sich meine Expedition zu einer dreifachen Orientierungsübung: Richtung Polarstern, Hindernisse meiden und Kunstlicht suchen.

Im Nachhinein sah meine Situation ziemlich aussichtslos aus. Meine Zuversicht blieb trotzdem erhalten, und zwar vor allem durch die ständige Beobachtung der Sterne und der Umgebung und durch die Wahrnehmung, dass ich der Temperatur durch meinen Lauf trotzen konnte.

Es ist nicht überliefert, wie lange ich so gelaufen bin. Die Energie reichte, und ich brach mir keine Knochen. Mein Blick suchte immer wieder den Himmel ab, während ich die kleinen Hügel bewältigte. Durch die Auf-und-ab-Bewegung schien sich der Horizont zu bewegen wie auf einem Schiff im Sturm. Daher dauerte es mehrere Auf-und ab-Bewegungen, bis ich auf ein schwaches Licht am Horizont aufmerksam wurde. Das konnte kein Stern sein. Zu dicht am Horizont. Ich blieb auf einem der Geröllhügel stehen, um sicher zu sein. Ein Haus? Der Puls stieg.

Ich widerstand der Versuchung, sofort los zu rennen. Zu groß war die Gefahr, das Licht in der nächsten Senke aus den Augen zu verlieren. Mit unterdrückter Aufregung nordete ich die Richtung des Lichtes an den Himmelskörpern ein und machte mich erwartungsvoll auf in Richtung Lichtquelle. Kurs 20 Grad.

Meine Bedenken bestätigten sich. Durch die Bodenformation verlor ich das Licht in der Senke aus dem Auge. Orientierung auf der nächsten Anhöhe. Da war es wieder. So ging es weiter auf dem zuvor bestimmten Kurs – über zahllose Bodenwellen hinweg, bis das Licht endlich näher kam.

Man sah von weitem eine einseitig beleuchtete Szene. Es war wirklich eine menschliche Behausung. Erleichterung stieg auf. Das Licht warf einen Kegel vor den Eingang eines Blockhauses. Eine einfache Glühbirne hatte mich gerettet. Sie steckte in einer Fassung, die von einem kegelförmigen Hütchen aus Metall vor Niederschlag geschützt wurde. Die Konstruktion hin an einem langen Haken, wackelte unbeholfen im Wind und quiekte mir rostig entgegen. Willkommen in der Zivilisation.

Ich klopfte zuversichtlich. Nach einigen bangen Sekunden sah ich durch das Fenster in der Eingangstür, wie jemand in die Luftschleuse des Vorraums eintrat. Ein fragendes Bauerngesicht streckte sich mir entgegen und deutete mir an, aus der Kälte in den Vorraum zu kommen. Ich stellte die weltbesten Karbonskier und Skistöcke an der Hauswand ab und trat ein, um dem fragenden Gesicht mein Anliegen vorzutragen.

Als sich die Eingangstür schloss, traten weitere fragende Gesichter hinzu.
»Olen eksynyt metsässä.«
(Ich habe mich im Wald verirrt.)
Die Erklärung hatte keine Wirkung auf die Fragezeichen in den Gesichtern.
»Ulkona on kova pakkanen ja pimeä. Mitä sinä siellä metsässä teit?«
(Es ist ziemlich kalt und stockfinster. Was hattest Du im Wald zu suchen?)
»Halusin kokeilla uusia suksiani.«
(Ich wollte meine neuen Skier ausprobieren.)
»Mutta eihän siellä ole edes latua ja on liian kylmäkin.«
(Aber es gibt doch gar keine Loipe, und es ist viel zu kalt.)
Natürlich. Sie hatten ja völlig recht. Die netten Bauersleut blieben verwundert und baten mich, weiter einzutreten. Dazu noch ein Ausländer, der Finnisch spricht – mit Akzent.

»Saisinko soittaa? Vaimoni on varmasti huolissaan.«

(Kann ich mal telefonieren? Meine Frau wird sich Sorgen machen.)

»Tottakai. Missä se on?«

(Natürlich. Wo ist sie denn?)

Ich nannte den Namen der Schwiegereltern, und die größten der Fragezeichen lösten sich auf. Sie waren die Nojoset.

»Hallo Schatz, ich bin hier bei den Nojoset. Könnt Ihr mich vielleicht mit dem Wagen abholen.«

»Mein Gott, was ist denn passiert? Mein Vater hat gerade die Armee alarmiert, die schicken einen Suchtrupp nach Dir.«

Ich hörte aufgeregte Worte am anderen Ende.

»Mein Vater kommt und holt Dich ab. Wir müssen jetzt schnell bei der Armee Entwarnung geben.«

Die Sache mit der Armee klingelte in meinen Ohren. Ist das nicht etwas übertrieben? Die Nojoset hatten sich jetzt in der Stube verteilt und eine entspannte Haltung angenommen. Ich gab den Hörer zurück an den alten Noijonen, der mich nun mit einem kleinen Fragezeichen anschaute.

»Ne hakevat minut kohta, mutta ilmoittavat ensin armeijalle.«

(Sie holen mich ab, müssen aber erst bei der Armee Entwarnung geben.)

Bedeutsame Blicke machten die Runde. Bei der Armee. Jetzt wurde mir heiß. Da klar war, dass ich mich nicht einnisten würde und keine Gefahr bedeutete, nahm ich die Mütze ab, zog die Handschuhe aus und öffnete die wattierte Langlaufjacke. Eine Nojonen-Frau bot mir einen Johannisbeersaft an. Ein Zeichen des Vertrauens.

Ich hatte kaum Zeit, ihre Verwunderung aufzulösen, als Väinämöinen anklopfte.

»No sittenhän kaikki on hyvin.«

(Das ist ja noch mal gut gegangen.)

Wir bedankten uns von Herzen bei den Rettern und begaben uns zu Väinämöinens historischem VW-Käfer. Die Edelskier mussten an der Hauswand warten. Die Prioritäten hatten sich verschoben.

An diesem Tag wurde der Schatz der Dorfsagen um eine wundersame Geschichte bereichert – nicht ohne Zutun von Lea, die heute viel Zeit am Telefon verbrachte.

9 Zweite Lektion: Akkavalta – Frauenherrschaft

Die Lektionen des Lebens sind ja kein Wochenendkurs. Das gilt ganz besonders für das Kapitel Frauenherrschaft (Akkavalta). Der Putzkrieg zwischen meiner Schwiegermutter und meiner Schwägerin war ein früher Höhepunkt bei meiner Beobachtung der Rollenverteilung im Land der Finnen.

Aber die Lektion begann schon bei meinem ersten Besuch in Finnland. Schon um die Zeit der sogenannten Reifeprüfung fiel uns jungen Männern auf, wie selbstbewusst und lebensoffen die finnischen Mädels mit uns umgingen. Die finnischen Jungs waren viel zurückhaltender – uns und auch dem weiblichen Teil der Menschheit gegenüber. Keine Missverständnisse, niemand kam zu Schaden. Aber wir deutschen Jungphilosophen saßen so manches Mal am nächtlichen Lagerfeuer und versuchten, die menschliche Weltordnung einzusortieren. Wer waren diese wunderbaren Wesen? Nach welchen Gesetzen bewegten sie sich?

Später – mit erweitertem Zugang zur finnischen Sprache – machte der Alltag klar, dass die Gesellschaft hier anders funktioniert. Nein, nicht einfach umgekehrt, eben ganz anders. Da ich ja erst einmal mit meinem Finnisch die richtige Betriebstemperatur erreichen musste, um an Gesprächen teilzunehmen, befand ich mich einige Jahre in der Beobachterrolle. Wer einmal eine Sprache nur durch Kontakt erlernt hat, kennt diese Phase. Eine Art Geduldsprobe. Man kann selbst kaum aktiv werden, auch wenn noch so viel im Kopf passiert. Immerhin hatte ich bald genügend fremde Lautgebilde aufgesaugt, um zu verstehen, worum es ging. Das ist eine Art Therapie. Man ist reduziert auf ein einsilbiges Wesen, das nur langsam mitkommt. Es wird einem die Rolle des Beobachters zugestanden, und man muss sich die aktiveren Rollen erst erobern.

In diesem Stadium konnte ich, ohne es zu wissen, anthropologische Feldarbeit leisten. Im Kreis der Familie gab es immer wieder kurze Gespräche, in denen Entscheidungen gefällt wurden. Dabei beobachtete ich ein Muster. Jemand bringt ein Thema ein. Das Objekt der Entscheidung. Es folgen viele entschlossene Worte der Frau, schnell vorgebracht. Dann eine eher langsame Reaktion des Mannes. Bald merkt man am Tonfall der Frau, dass sie den Mann zurechtweist. Sie steht abrupt auf und holt Kartoffeln, macht einen Brei, bügelt die Hemden, schrubbt den Boden, macht auf jeden Fall etwas, das verdeutlicht, sie hat Wichtiges zu tun, und alle bemerken es.

Diese fast sprachlose Beobachtung bekam dann im Laufe des Spracherwerbs einen Untertext, und es wurde klar, dass die schnellen, entschlossenen Worte der Frau eine unglaubliche Anreihung von rational klingenden Argumenten sind, dass der Mann nicht systematisch darauf eingeht. Das wäre faktisch auch kaum machbar, weil es so viele Argumente sind, die inhaltlich nicht unbedingt korrekt sein müssen. Wenn der Mann doch einmal auf einzelne Punkte eingeht, dann kann sie einfach weitere rational klingende Argumente einbringen. So viele Punkte kann man unmöglich logisch abarbeiten. Die übliche Strategie ist es, Einwände oder Bemerkungen des Mannes durch eine moralisch höherwertige Position zu übertrumpfen. Der Mann kann dann mit Humor den Kopf aus der Schlinge ziehen, die Entscheidung ist gefällt und das Gleichgewicht bleibt erhalten. Sonst ergeht es ihm übel.

Beispiel: Meine Schwägerin und mein Schwager sitzen und lesen Zeitung.
Kind: »Die Oma hat angerufen. Wir sollen am Samstag um 2 zum Kaffee kommen.«
Schwägerin: »Ja, Pekka, wir müssen die Beziehung pflegen, deine Mutter wird auch nicht jünger, wer weiß, wie lange wir sie noch haben, sie hat ja immer auf die Kinder aufgepasst. Es ist gut für alte Leute, Gesellschaft zu haben.«
Das war schon die Entscheidung, zuerst einmal nur gestützt auf fünf Argumenten.
Schwager: »Ehm, was, meine Mutter? Die haben wir doch letzte Woche besucht. Wir können doch mit ihr telefonieren.«
Schwägerin: »Jaja, Ihr Jungs würdet am liebsten alles per Fernsteuerung machen.«
Schwager: ist bemüht zu schmunzeln
Schwägerin: »Auf den persönlichen Kontakt kommt es an. Die einsame alte Frau. Sie hat ja sonst niemanden. Ich backe schon mal einen Kuchen.«
Ende der Debatte. Und schon ist sie in der Küche; es ertönt der unmissverständliche Lärm eines schweren Backeinsatzes. Alle haben einen leichten Geschmack von schlechtem Gewissen, der bald durch den angenehmen Geruch des Kuchens verblasst.

Meine Mutter hätte sich niemals so verhalten. Ihre Backeinsätze geschahen leise und unbemerkt im Hintergrund, in der geschlossenen Küche, die gut gelüftet wurde. Ihr waren solche Gesprächsverläufe fremd. Das Ende des Gesprächs wurde vom Vater bestimmt. Sie wirkte eher besänftigend und vermittelnd auf ihn ein, etwa in der Rolle der Maria. Er durfte donnern und grollen, hatte ja wohl von Gesetz her eine ganz andere Stellung als sie – und als Männer in Finnland. Zugegeben, das wusste ich nicht genau. Man hatte nur eine vage Ahnung. Das Internet bietet sofort Zahlenmaterial an: gesetzliche Gleichstellung von Mann und Frau in Deutschland 1976, in Finnland 1910, also zweieinhalb Generationen früher. Deutschland schneidet aber nicht wesentlich schlechter ab als manche andere Länder Europas. Da haben wir's: Die finnischen Frauen sind etwas Besonderes.

Aber das kann ja nicht per Gesetz erwirkt worden sein. Also weiter lesen. Nein umgekehrt, sie haben diese Gesetze erwirkt. Das muss es sein. Hier steht's: Finnische Frauen haben sich über Jahrhunderte hinweg ihre Position in der Gesellschaft durch Anerkennung für besonders erfolgreiche Arbeit um den Hof errungen. Sie hatten in der Zeit vor der schwedischen Herrschaft (ab dem Mittelalter) eine starke Stellung und konnten sie durch zähen Einsatz zum Teil erhalten. Wenn der Mann durch Trunksucht oder sonst wie Schwäche zeigte, konnten sie faktisch auf dem Hof herrschen. Dafür haben die Finnen auch ein Wort: »Akkavalta« – Frauenherrschaft. Das hat einen etwas negativen Klang – wie in dem bekannten Ausruf »Pois alta – akkavalta, ukko huusi sängyn alta« (Aus dem Weg, Frauenherrschaft – rief der Mann unter dem Bett hervor«. Das Bild spricht für sich selbst.

Tatsächlich wird das stolze Symbol der häuslichen Macht noch heute an der traditionellen Frauentracht (etwa aus Karelien) zur Schau gestellt: ein deutlich sichtbarer, großer Schlüssel. Ihre Schlüsselgewalt. Es erinnert die Finnen an die starke Frau in der Zeit vor der Fremdherrschaft, von der das finnische Nationalepos, Kalevala, erzählt. Pohjan Akka ist dort die Starke und regiert über den Hof. Der Schlüssel zum Kornspeicher kontrolliert den Konsum des Getreides zum täglichen Essen und zur Aussaat im Frühjahr. Ohne Supermarkt um die Ecke war das eine Position von Macht. Ihre Planung bringt die Familie durch den langen Winter.

Die gut gemeinten Ratschläge finnischer Freunde lassen ahnen, dass der Geschlechterkampf hier etwas anderen Spielregeln folgt: Wir sind seit drei Stunden zu Besuch. Leena schlägt vor, dass wir aufbrechen. Ich weiß, drei Stunden ist die Höflichkeitsgrenze. Daher stehe ich auf. Die männliche Hälfte der finnischen Gastgeber rät mir: »Nicht sofort springen. Lass sie noch etwas zappeln.« Er schmunzelt – und wir verabschieden uns recht bald.

Wenn ich nun nach bestandener Zwischenprüfung für die Lektion Frauenherrschaft auf der Fähre nach Finnland unterwegs bin, sehe ich immer wieder bewundernswerte Beispiele für die Organisationskunst finnischer Frauen – wie etwa das folgende:

»Mainä Taamän und Här-rän, Aabend-ässän iist jäz auf Däck älf gä-öffnät. – Lädiiz änd tzäntle-män, tinnar is nau oopen on däck iilävän.« Seit dem Mittagessen haben die Passagiere und LKW-Fahrer auf der gewinnträchtigen Hochleistungsfähre Travemünde – Helsinki schon fünf Stunden gehungert, wenn sie die Leere im Magen nicht durch Einnahme von Kaffee oder Bier an einer der zwei Bars überbrückt haben.

Alle fünfzig Passagiere und zwanzig Fahrer erzeugen schlagartig am Buffet das Gedränge eines Marktplatzes zur besten Verkaufszeit. Die kosmopolitische Menge bevorzugt die rechte Hälfte des doppelten Buffet-Parcours, der für skandinavische Augen logisch aufgebaut ist. Salate, Fisch und andere Meeresbewohner an einer Theke, warme Speisen an der nächsten, dann süße Speisen, Obst und Käse. Nur die Salzkartoffeln befinden sich beim Fisch, das Brot und die Getränke separat.

Die Fahrer kennen sich aus und kürzen den Parcours ab – auf direktem Weg zum Fleisch. Sie sind effektiv und empfinden ihre zielgerichteten Bewegungen durchaus nicht als aufdringlich, auch wenn manchmal etwas Körpereinsatz erforderlich ist, um den Weg zu bahnen. So sind sie schnell wieder aus dem Gedränge heraus und kehren einzeln in unregelmäßigen Abständen zurück, bestimmt vom Rhythmus ihrer Essorgane.

Erstreisende versuchen ohne großen Erfolg, das Terrain zu erkunden, geraten ungewollt in die Ströme der Suchenden und finden sich dann in den engen Gängen gefangen zwischen Senfhering und Rentiergeschnetzeltem. Vielleicht ist dies die Erklärung für ihre kulinarisch ungewöhnliche Auswahl an Speisen, die ich hier aus pietätischen Gründen nicht näher beschreiben möchte, und auch für die unpraktische Häufung der Speisen auf den durchaus nicht kleinen Tellern. Wahrscheinlich haben sie aber die besondere Gabe, die Senfsoße aus der Mousse au Chocolat heraus zu schlecken, ohne ihre Geschmacksnerven zu verwirren.

Deutsche, Niederländer, Russen, Schweden, Finnen und Reisende unerkannter Nationen bahnen sich in verschiedensten Gruppierungen ihren Weg durch das unnötige Chaos. Die wiederkehrenden Versuche, eine geordnete

Schlange zu bilden, werden regelmäßig durch Drängler, Falschfahrer und Bummler zunichte gemacht. Das Gedränge hat neben seiner taktilen, akustischen und visuellen Dimension auch eine olfaktorische, über die man hier besser schweigen sollte, weil wohl die am Buffet anwesenden Nationen recht unterschiedliche Vorstellungen von Wohlgerüchen haben.

Mitten hinein in dieses Gewühl begibt sich nun – und hier sind wir beim Thema – eine finnische Familie, bestehend aus den Eltern und zwei Knaben im Alter von etwa sechs und sieben Jahren. Ich erkenne die Familie wieder, denn ich hatte den Jungs zum Mittag bei den Kartoffeln geholfen. Jetzt stehen sie mit leeren Tellern dicht bei der Mutter in Opferhaltung. Lämmerblick. »Hab gegessen kein einzig Blättelein, mäh mäh!« Währenddessen schiebt sich die Lawine erbarmungslos weiter. Herr Papà hat etwas Fleisch und Gemüse erbeutet und blickt nun unschlüssig drein. Er steht an der Fisch-oder-Fleisch-Kreuzung bei den Salzkartoffeln. Ein Schwarm deutscher Busreisender beginnt, den Bummler mit entschlossenen Blicken von der Kreuzung zu drängen. Der Frau Mamà, die ansonsten wohlgenährt scheint, ist es indes gelungen, einen Teller mit gesundem Salat zu bestücken.

Der Staudruck nimmt zu, und die finnische Familie muss nun schnell eine verkehrstechnische Entscheidung herbeiführen. Ein echtes Dilemma. Mehr von der Fleischtheke oder die Kinder versorgen? – denkt Papà. Plötzlich ergreift Mamà den Teller des Vaters, schiebt mit einer Handbewegung ihren Salat darauf, drückt den nun vollen Teller ihrem Mann in die Hand und schickt ihn zum vorbestellten Tisch.

»So, geh Du schon mal essen. Die Getränke sind da hinten.«

Natürlich weiß Papà, wo die Getränke sind. Die Äußerung ist ein geheimer Code mit der Bedeutung »Vergiss nicht, dir etwas zu trinken zu holen. Das kannst Du praktischerweise auf demselben Weg erledigen. Sonst dauert das Ganze noch länger.« Papà trabt brav los, ohne auch nur den kleinsten Augenaufschlag. Eine eingeübte Routine. Sehr zur Erleichterung des Schwarms deutscher Busreisender.

In der nächsten Sekunde wendet sich die Entscheidungsträgerin den belämmerten Kindern zu.

»Hier sind die Kartoffeln. Dann gehen wir rüber zu den Fleischbällchen.«

»Wo ist denn der Papa hin?« – »Der ist schon zum Tisch gegangen.«

Ende der Krise.

10 Der Dampfschiffer Antti Hänninen und die Zeichen der Zeit

Antti Hänninen stand am Ende der Gangway, eine Hand an der Reling, in der anderen seine Meerschaumpfeife, an der er genüsslich zog, während er die Reisenden begrüßte, die einer nach dem anderen die Planken zu seinem Dampfschiff hinauf stiegen.

Einige von ihnen waren mit dem Zug von Helsinki gekommen und wollten nun weiter nach Hirvensalmi. In die Sommerfrische. Die anderen waren Einheimische, die in Hirvensalmi zu tun hatten. Für Hänninen war auf den ersten Blick klar, wer zu welcher Gruppe gehörte. Die Sommerfrischler hatten reichlich Gepäck und waren gekleidet wie Menschen von Welt. Die Einheimischen, die er alle persönlich kannte, trugen für den Anlass der Schiffsreise ihre biedere Sonntagskleidung. Nur ein Passagier passte in kein bekanntes Schema, ein allein reisender Herr aus der Hauptstadt mit leichtem Gepäck. Nickelbrille, grauer Anzug: Akademikertyp.

Hänninen hatte die Krempe seiner weißen Kapitänsmütze in die Stirn gezogen, um die Sonne auszublenden, die ihn über den gesamten Vormittag hinweg blenden würde. Er war zufrieden mit sich und der Welt Dampfschiff-. kapitän war er nun schon seit dreißig Jahren. Die »Sovinto« war ebenso zuverlässig wie der baugleiche Passagierdampfer seines Bruders und der Holzschlepper seines Vaters. Außerdem war auf seinen Maschinisten stets Verlass. Antti kannte die Strecke nach Hirvensalmi, seit er seinem Vater als Zwölfjähriger zur Hand gegangen war. Der alte Hänninen hatte früh die Zeichen der Zeit erkannt. »Den Maschinen gehört die Zukunft«, sagte er. Das gefräßige Sägewerk wollte unentwegt mit Holz gefüttert werden. Das brachte vielen Menschen endlich ein regelmäßiges Einkommen und ließ den Hunger zurück. Sein Holzschlepper hatte die Kraft von hundert Booten und zog Tausende von Stämmen zugleich.

»Morgen Olavi! Na, heute mit Frau und Kind. Guten Morgen Lea. Und wie heißt denn die Kleine?«

»Morgen Antti. Das ist unsere Leena. Sie hat heute schulfrei.«

»Guten Morgen, Herr Kapitän.«

Und Knicks. Leena blickte eingeschüchtert nach rechts unten. Die ungewöhnliche Umgebung beflügelte zugleich ihre Neugier.

Die Familie betrat das Deck, Olavi drehte sich noch einmal zu Antti herum:

»Achsbruch. Die gute alte Anglia ist in der Werkstatt.«

Es war die Rede von Olavis Ford Anglia, seinem »Dienstwagen«. Import aus dem Vereinigten Königreich. Neupreis stolze 581 Britische Pfund plus Einfuhrsteuern. 36 PS. Verbrauch 9,6 Liter Normalbenzin. 3,91 Meter lang und 1,41 Meter breit. Mit starrer Hinterachse, und die war gebrochen auf der letzen Fahrt nach Hirvensalmi.

Olavi hatte bemerkt, wie sich bei dem Wort »Achsbruch« der ungewöhnliche Hauptstädter ihm abrupt zuwandte, als wäre er persönlich angesprochen worden, folgte aber weiter seiner Familie. Lea ging voran, suchte einen angenehmen Platz auf dem Vordeck und stellte den Verpflegungskorb neben der Bank auf den Boden. Es war ein herrlicher Sommertag, und sie war sehr zufrieden mit Olavis genialem Einfall, seine Dienstpflichten mit einer Bootsreise zu verbinden. Der Großhandelskaufmann musste rechtzeitig die Bestellungen der Geschäfte in Hirvensalmi aufnehmen und ihnen neue Warenmuster vorführen.

»Was hast Du denn Schönes in Deinem Musterkoffer?«

Lea war nicht die einzige, die Olavis Musterkoffer so spannend fand wie eine magische Glaskugel. Von hier aus kamen alle Neuerungen aufs Land. Die kleine Leena war die erste im Dorf, die Mandarinen und Bananen probiert hatte, viele Sorten Schokolade – und Brausepulver, das sehr lustig im Mund prickelt.

Es war nicht Olavis Art zu prahlten. Es gefiel ihm, Waren zu bestellen, Preise zu verhandeln und Neuerungen vorzustellen. Er musste sie niemandem aufdrängen. Einige der anderen Fahrgäste auf dem Vordeck hatten die Frage gehört und waren nun auch neugierig. Olavi öffnete den Koffer in seiner ruhigen Art.

»Hier haben wir Sofort-Pudding, in kaltes Wasser einrühren und fertig. Kein Kochen, kein Abkühlen. Es gibt Vanille und Schokolade.«

Ein »Oh!« ging durch die Runde. Sein Gesicht schmunzelte.

»Und sofort-löslichen Kakao. Kein langes Anrühren und Aufkochen.«

Wieder ein »Oh!«

»Und hier … unzerbrechliches Geschirr in schönen Farben.«

Lea nahm die Produkte vorsichtig in die Hand und fühlte sich ein wenig erhaben.

»All diese Neuerungen! Und die schönen Farben. Richtig modern.«

Olavi gab ihr einen Schubs, dass der Teller auf das harte Deck fiel. »Ohje«, ging es spontan durch das Publikum.

Aber der knitschgelbe Teller rollte ungerührt über das Deck, bis Leena ihn wieder einfing. Olavi genoss die kleine Vorstellung und brauchte nun nicht in Worte zu fassen, dass alles besser würde. Er hielt sich auch zurück, weil er umsichtig genug war zu wissen, dass die Besucher aus der Hauptstadt mit diesen Neuerungen schon vertraut waren.

»Der Fortschritt breitet sich aus.«

Es war der ungewöhnliche Herr aus Helsinki. Er war vorsichtig mit seiner Formulierung und sagte nicht »Der Fortschritt kommt nun auch auf's Land.«

»Darf ich mich vorstellen? Carl Snellman … Ich bin auf dem Weg nach Hirvensalmi.«

Olavi war ein ruhiger und besonnener Mann. Für viele verkörperte er die Tugenden eines Väinämöinen. Er bemerkte den schwedischen Akzent und eine kleine grammatische Abweichung in der kurzen Äußerung von Snellman. Für viele Landsleute war der Akzent gefühlsmäßig eine fast schmerzliche Erinnerung an die fünfhundertjährige Unterdrückung durch die Schweden, auch wenn sie die historischen Fakten nicht genau aufsagen konnten. Schwedischsprachige Finnen hatten es schwer. Immerhin sprach Snellman Finnisch.

»Olavi Saarinen. Wie Sie sehen, verbinde ich eine Geschäftsreise mit einem kleinen Ausflug mit der Familie.«

Alle Beteiligten begrüßten sich angemessen. Man spürte die etwas größere Distanz, die sie zu Snellman einnahmen, der nun schnell zu seinem Thema kam:

»Achsbruch, hörte ich. Das muss ja eine schlimme Strecke sein.«

»Das war eben Pech. Der Regen hatte ein riesiges Schlagloch ausgewaschen, und der Lastwagenverkehr hilft ja auch nicht gerade. Die Strecke nach Helsinki ist zumindest geteert.«

»Ja, die Lastwagen fahren wie der Tuure Vironen«, warf Lea ein.

Snellman blickte fragend um sich. Tuure Vironen hatte Kultstatus unter den männlichen Dorfbewohnern im Alter von 7-15 Jahren. Tuure hatte den besten Beruf der Welt. Er durfte den ganzen Tag Auto fahren und Saunawurst essen. Dazu fuhr er so schnell wie der Laster es her gab. Olavi klärte den Mann aus Helsinki auf.

»Vironen ist Lastwagenfahrer und fährt etwas unvorsichtig.«

Es war leicht, sich zu einigen, dass die ungeteerte Landstraße nach Hirvensalmi mit ihren vielen Kurven und den rollenden Hügeln denkbar schwierig zu befahren war, wenn sie zugleich als Rennstrecke für Lastwagen benutzt wurde.

»Vielleicht wird der Fortschritt uns eines Tages die Landstraße auf eine ebene Trasse bringen …«

Der Mann aus Helsinki versuchte, den positiven Tenor des Gesprächs aufzunehmen.

»Die Hügel sind aus Granit, warf jemand ein. Soll etwa die Armee kommen, um sie zu sprengen?«

Antti war beruhigt über den Ganit. Sollten die Hügel ruhig stehen bleiben. Er war ja da mit seiner Sovinto – selbst wenn der Bug mal an dem Gestein kratzte. Granit, Hügel und Dampfschiff, eine perfekte Symbiose.

»In den Ballungszentren werden die Straßen auf kurvenarmen und höhenausgeglichenen Trassen gebaut. Die Technologie wird früher oder später auch hierher kommen. Dann kann man leichter von A nach B kommen.«

Snellman sprach seine Worte mit Bedacht, fast wie eine Weissagung. Olavi ahnte, dass dieser Snellman etwas mit Straßenbau zu tun hatte, behielt es aber für sich und wechselte das Thema:

»Na, Lea, wollen wir mal sehen, was Du Schönes im Korb versteckt hast?«

Die Sovinto hatte längst abgelegt und ein gutes Stück der Strecke hinter sich gebracht. Antti Hänninen verfolgte mit Unterbrechungen die Geschehnisse auf dem Vordeck, wenn sein Maschinist das Ruder übernahm.

Lea holte die Flasche hervor, die Olavi sofort mit Kaffee assoziierte. Herr Pawlow ließ ihm das Wasser im Mund zusammen laufen. Lea hatte die Flasche wie immer in dicke Wollsocken gesteckt. Der Kaffee dampfte in der Tasse, als Olavi genussvoll etwas Sahnemilch hinein goss. Er nahm einen der harten finnischen Zuckerwürfel zwischen die Zähne, goss Kaffee auf die Untertasse und schlürfte ihn genüsslich, bis der Würfel weich wurde und er ihn mit dem Kaffee aus der Tasse herunter spülte. Eine finnische Kaffeezeremonie.

Leena hielt indes eine Flasche Johannisbeersaft in der Hand, natürlich hergestellt aus den Beeren im Garten. Dieser Saft war noch von der Ernte des letzen Jahres. Bald würden sie wieder im Garten Frondienste leisten müssen und rote, schwarze und weiße Johannisbeeren von der unendlichen Zahl von Sträuchern pflücken. Danach kam die Ernte der nördlichsten Äpfel der Welt – in Olavis Garten. Aber köstlich war er, der Saft.

Zur Stärkung reichte Lea frisches Pulla, das weg ging wie in anderen Ländern warme Semmeln. Auch der Verkehrsexperte aus der Hauptstadt labte sich an dem süßen Gebäck.

»Herrlich hier auf dem Land.«

»… da fliegt einem das frische Pulla von selbst in den Mund«, dachte die kleine Leena still für sich. Sie las viel und kannte daher auch schon das Schlaraffenland.

Objektiv gesehen lebte Leenas Familie im Paradies. Es liegt in einem Seengebiet, geprägt von felsigen Ufern, unzähligen Inseln geformt wie Schären, fjordartigen Ausbuchtungen und Verästelungen. Die Natur beweist, dass sie auch auf blankem Fels Leben tragen kann. Bäume und Sträucher wachsen aus winzigen Felsritzen und trotzen im langen Winter Temperaturen von weniger als minus 30 Grad. Eine eiszeitliche Landschaft. Die Felsformationen aus Granit verraten durch ihre Gestalt, wie sie durch Abrieb in Form geschliffen wurden. An manchen Stellen ragen Felsen hundert Meter aus dem See, umgeben von Geröll in allen Größen, einschließlich Brocken von vielen Tonnen Gewicht, teilweise überzogen von einer dünnen, aber hoch aktiven Schicht von Leben in Form von Moosen, Flechten, unendlichen Blaubeer- und Preiselbeersträuchern; Heimat von Bären, Wölfen, Elchen, Wieseln und vielem anderen Getier; reich an Fisch, dem gemeinen Barsch, Hecht, Rotauge und auch schmackhaften Trägern von Omega-3-Fetten, und Vertretern der Familie der Salmonidae, besonders der großen und der kleinen Maräne. Auch Herr Snellman stimmte ein in die Bemerkungen über die einzigartige Schönheit der Natur in diesem Teil Finnlands. Olavi hatte ein feines Gespür für Menschen und bemerkte, dass Snellman mit seinen Naturbeobachtungen nicht ganz bei der Sache war. Snellman hatte eine Karte von der Region herausgenommen, und alle verfolgten interessiert den Kurs der Sovinto auf dem Papier.

» Interessante Karte.«

Antti Hänninen pendelte zwischen Steuerstand und Vorschiff. Heute gab es interessante Vorgänge auf dem Vorschiff, und der Maschinist verbrachte viel Zeit am Steuer.

»Hier. Auf dieser Karte kann man besser die Kurse bestimmen. Das ist unser Kurs.«

Er präsentierte eine offizielle Seekarte der Region, und alle Zuschauer waren begeistert. Was für eine bildende Schiffsreise. Nur Snellman konnte sich der Begeisterung nicht anschließen. Väinämöinen vermittelte:

»Herr Snellman, Ihre Karte stellt die Gegend ja ganz anders dar. Worum geht es denn dabei?«

Snellman strahlte.

»Es ist eine topografische Karte. Da können Sie die Bodenformation sehen. Hier die Wellenlinien der Felsen. Das sehen Sie in den Höhenlinien. Wir können auch die Art des Bodens und den Bewuchs erkennen.«

Leena war dazu gekommen. Sie fand es interessant, während der Fahrt auf der Karte festzustellen, wo sie war und war nun so voll von Neugier, dass sie wagte, eine Frage zu stellen.

»Wozu braucht man denn eine solche Karte mit all den Linien?«

»Zum Beispiel zum Planen von Straßen.«

Die Antwort kam so spontan, dass Väinämöinen spürte, wie Snellman seine unbedachten Worte gern gelöscht hätte. Die Karte war von dieser Region. Straßenbau nach Hirvensalmi? Es war besser, jetzt keine weiteren Fragen in der Öffentlichkeit zu stellen.

»Ja, dann schauen wir uns doch mal unsere Position auf der richtigen Seekarte an.«

Snellmans Mine entspannte sich, und Antti Hänninen stellte fest, dass die Sovinto in einer halben Stunde in Hirvensalmi anlegte.

Väinämöinens Vorstellung mit dem Musterkoffer begeisterte auch in Hirvensalmi das Publikum. Sofort-Kakao, Brausepulver, Kaltwaschmittel … und das Geschirr rollte unverwundbar über den Boden. Er nahm die Bestellungen auf, erkundigte sich danach, wie die Produkte aufgenommen würden, und ging auf jeden persönlich ein. Seine Kunden fühlten sich bei Väinämöinen gut aufgehoben und vertrauten ihm so einiges an. Arto Paasimökki war auch im Rat der Landgemeinde und dachte über die Infrastruktur nach.

»Olavi, wir sind hier zu weit weg vom Schuss. Keine Eisenbahn, keine geteerte Landstraße und zu viele kleine Fähren. Wir brauchen einen passablen Straßenanschluss. Achsbruch mit deiner Anglia. So steht's mit der Verbindung. Da sind ja die Winterstraßen über den See noch besser. Hast Du den Herrn Ingenieur auf der Fähre gesehen? Er führt eine Machbarkeitsstudie durch – für den Anschluss an die E5. Das Projekt wird uns nach vorne bringen.«

Lea hatte am Strand das nächste Picknick vorbereitet. Sie und ihre kleine Tochter lasen gern und genossen den Tag. Ebenso wie Olavi, der heute nicht den Eindruck hatte, dass er arbeitete.

Die Sovinto legte am späten Nachmittag ab und fuhr in einen unendlichen Sonnenuntergang in Richtung Zuhause. Die Luft war lau, die verbliebenen Leckereien aus dem Korb waren herrlich und alle Reisenden bester Laune, wie es sich für einen lauen Sommerabend gehört. Eine rundum zufriedene Heimreise. Am glücklichsten aber war der Dampfschiffer Antti Hänninen, denn der kluge Väinämöinen wusste genau, welche Erkenntnisse wann für welche Personen geeignet sind.

11 Zor-ro, der Alkohol und das Sägewerk

Man sah ihn immer wieder mal im Dorf. Eine dunkle Gestalt auf einem rostigen Fahrrad, Hut tief im Gesicht, dichter Rauschebart, undefinierte Kleidung. Seine Fortbewegung auf dem Fahrrad schien physikalisch völlig unmöglich. Fast blieb er auf der Stelle stehen. Wenn er am Garten meiner Schwiegereltern vorbeifuhr, konnte man sich getrost beim Kaffeetrinken unter den Birken auf das Ausbalancieren der Tasse konzentrieren und immer wieder seinen Anblick bestaunen. Auf dem Gepäckträger schwankten seine Einkäufe hin und her und brachten die Erscheinung weiter aus dem Gleichgewicht. Er brauchte für die 50 Meter eine Unendlichkeit. Dabei fiel er nicht um. Sein Körper glich mit ungelenken, ruckartigen Bewegungen an der Lenkstange jeweils den drohenden Verlust des Gleichgewichts erfolgreich aus.

Die Kinder versteckten sich hinter den Hecken und raunten mit vielen Zungenspitzen-Rs »Zor-ro«, als ginge der Sensenmann durch die unasphaltierten Straßen. Der Gefürchtete sprach zwar Finnisch, inhaltlich aber unverständlich, zumindest für Kinder. Sie fürchteten, dass er stürzt und dann etwas Unvorhersehbares und Fürchterliches mit ihnen anstellt.

Der Mann hatte mit dem Zorro aus dem »Trash-Roman« von Johnston McCulley nur eines gemeinsam: Sein Gesicht war nicht zu erkennen, in seinem Fall wegen Hut, Schmutz und absoluter Haarigkeit. Er war immer schon alt, und nur die wirklich alten Dorfbewohner erinnerten sich an seinen bürgerlichen Namen.

Ich sah Zor-ro zum ersten Mal, als er aus der einzigen Kneipe im Dorf kam, in der Leichtbier an die schlechten Charaktere ausgeschenkt wurde, die sich nicht zu schade waren, sich in der Öffentlichkeit an zwei 0,3-Liter Flaschen Leichtbier zu berauschen. Er sprach Unverständliches und schwankte, stieg auf sein rostiges Fahrrad und fuhr mit leisem Klappern in Zeitlupentempo davon, ohne seinen unverständlichen Sprachfluss zu mindern. Diese Erscheinung würde hierzulande vermutlich als Penner wahrgenommen. In Finnland ist das nicht viel anders. »Puliukko« heißt das hier. Das Wort verschmilzt zwei Teile »pulituuri« (Politur) und »ukko« (Kerl). Wenn man weiß, dass man sich an Möbelpolitur berauschen kann, erkennt man das ganze Ausmaß der Verachtung, die in dem Wort steckt.

Zor-ro war alkoholkrank, aber er ist nie mit seinem Fahrrad gestürzt und hatte auch sonst keinen Unfall und ging über Jahrzehnte einer regelmäßigen Arbeit nach, und zwar beim Sägewerk am See. Er radelte tagein-tagaus von einem Ende des Dorfes zum anderen und erreichte so seine Schicht im Sägewerk, das damals noch von Menschenhand bedient wurde.

Eigentlich ganz romantisch anzusehen – solange man die schwere Arbeit nicht selbst verrichten muss. Schleppkähne brachten riesige Flöße aus gefällten Stämmen in die Bucht vor dem Sägewerk. Die Stämme wurden dann aus dem Wasser gefischt und auf Transportbändern zu den verschiedenen Sägen im Werk transportiert. Manchmal fiel ein Stamm zurück ins Wasser und traf dort auf andere Stämme. Dabei entstand der mächtige tiefe Klang eines überdimensionalen Xylophons, der weit über den See hallte.

Wir sind öfters mit dem Boot in die Bucht mit den Holzstämmen gefahren und haben dort die Männer gesehen, die bei ihrer Arbeit auf den runden schwimmenden Stämmen balancierten. Begeistert machte ich es ihnen nach und wurde schnell von meinem finnischen Freund zurückgepfiffen. »Pass auf! Wenn Du ausrutschst, kommst Du unter die Stämme und kommst nicht mehr hoch«, rief er. Plötzlich fing der Stamm an zu rollen, und ich rettete mich ins Boot. »Echt gefährlich.«

Zor-ro hatte einen gleichbleibenden Alkoholspiegel und wurde vermutlich nicht zur Arbeit auf den Stämmen eingesetzt. Trotzdem erstaunlich, dass er nie einen Unfall hatte. Er war kein Penner in dem Sinn, dass er obdachlos war, sondern alkoholkrank und absonderlich. Wahrscheinlich bedingte das eine das andere. Vielleicht wäre er in der Stadt tatsächlich obdachlos geworden, aber er wohnte in einem überaus bescheidenen Holzhaus, eher einer Hütte.

Zor-ro hatte eine besondere Gabe. Wenn er sich darauf besann, konnte er kunstvoll schnitzen. Brauchbares Holz, wie Wacholder, Kiefer oder Birke, fand er überall. Er brauchte nur sein Puukko zu schleifen und konnte sich seiner Kunst widmen. So entstanden in seiner Hand aus unscheinbaren Stöcken grazile Engel, hölzerne Weihnachtssterne und kunstvoll verzierte Kreuze. Seine Produkte waren sehr beliebt im Dorf, und die Frauen warteten vor Weihnachten darauf, dass Zor-ro endlich in Schnitzlaune komme. Sie kauften ihm gern seine Ware ab und nutzten dabei die Gelegenheit, ihn für den Winter zu rüsten. Mit warmen, selbstgestrickten Socken und fester Nahrung. Die Frauen hatten keine Angst vor ihm, konnten ihn aber trotzdem nicht viel besser verstehen.

Zor-ro wurde nie von seiner Alkoholkrankheit geheilt. Für viele Durchreisende war er der Ausbund an finnischem Trunkenbold, und so mancher sah seine Meinung bestätigt, dass die Finnen arge Saufbolde sind. Mir ist diese Verallgemeinerung völlig unverständlich. Deutschland teilt sich mit Finnland den unrühmlichen Rang sechs in der internationalen Statistik des Alkoholkonsums. Die reine Alkoholmenge kann also den schlechten Ruf der Finnen nicht begründen, sonst müssten wir Deutschen einen genauso schlechten Ruf haben. Vielleicht liegt es an der Art, in der das Phänomen beobachtet wird. Etwa wie meine kleine Schwester abends im Auto den Mond beobachtete. »Guck mal der Mond. Der fährt immer mit.« Tatsächlich scheint der Mond das Auto bei der Fahrt zu verfolgen. »Nein, der bleibt einfach da oben stehen«, sagte meine Mutter. Trotz meines fünfjährigen Entwicklungsvorsprungs war ich verunsichert. Die Kirche steht fest im Dorf, und sie scheint nicht mitzufahren. »Das liegt an der Entfernung«, klärte mein Vater uns auf. »Der Mond ist so weit weg, dass man unsere Bewegung nicht an ihm messen kann.« Ich entschied, das war Stoff für später, und bekam Mitleid mit dem armen Mond. So weit weg.

Vielleicht liegt es daran, wie und unter welchen Umständen man den Alkoholkonsum der Finnen beobachtet, wenn sie dabei sind, dieselbe Menge zu konsumieren wie wir. In Finnland gibt es zum Beispiel eine Freizeitbeschäftigung, die darin besteht, auf der Fähre zwischen Helsinki und Stockholm ein ganzes Wochenende Party zu machen. Dann wird der Alkoholkonsum öffentlich, und all die Nationen, die die Fähre als Transportmittel benutzen, sehen reichlich alkoholisierte Finnen, über die sie sich ärgern. So wird ihr Vorurteil von den betrunkenen Finnen bestätigt. Die Reisenden sind ja nicht in der Lage, jetzt eine Volkszählung durchzuführen und repräsentative Statistiken zu erstellen. Würden die Finnen zum Karneval nach Köln reisen, würden sie wahrscheinlich auch eine seltsame Wahrnehmung von der Trunksucht der Deutschen haben – wenn sie nicht am Karnevalstreiben teilnehmen.

Fraglos gibt es große kulturelle Unterschiede in der Art, in der alkoholhaltige Getränke in Finnland und Deutschland verzehrt werden. Der Prohibitionismus hat in Finnland deutliche Spuren hinterlassen, so auch die Religion. Der Konsum von Alkohol wurde tabuisiert und verschwand lange aus der Öffentlichkeit, während sich in anderen Ländern die öffentliche Trinkkultur weiter entwickelte.

Natürlich brannten die Menschen im Schutz des Waldes weiter ihren eigenen Schnaps oder schmuggelten ihn ins Land, und so ging der Alkoholkonsum in den Untergrund, aus dem er nur langsam wieder heraus kam, behaftet mit anderen Werten als in weniger puritanischen Ländern, vor allem mit dem Makel des minderwertigen Charakters, der auf vielen Volksbühnen im Sommertheater immer noch in Szene gesetzt wird. Allsommerlich torkeln die gespielten Trunkenbolde über die Bretter und richten ganze Sippen zu Grunde.

Aus biologischer Sicht wird aber unabhängig von der sozialen Bewertung des Trinkens stets Alkohol im menschlichen Körper verstoffwechselt und abgebaut. Das Resultat ist für Alkoholkranke überall dasselbe, nämlich jährlich 2 000 Alkoholtote in Finnland und 36 000 bei uns. Das ergibt exakt denselben Anteil an der Bevölkerung in beiden Ländern, also keinen Grund zur Überheblichkeit in die eine oder andere Richtung.

Zor-ro wurde nach vielen Jahren Teil dieser Statistik. Der größte Knick in seinem Leben ergab sich, als das Sägewerk geschlossen wurde. Schlagartig fielen die einfachen Arbeitsplätze weg. Er wurde arbeitslos. Das Sägewerk vollzog den Wandel, der Finnland zu seinem Ruf als Hochtechnologiestandort verholfen hat. Das Werk ist jetzt vollautomatisch und computergesteuert. Die beste Kulisse für einen Science-Fiction-Film wie »Moon 44« von Roland Emmerich. Kein Floß verschmutzt jetzt das Wasser des Puula. Niemand verschwindet für immer unter den Stämmen.

Andererseits ist das überdimensionale Xylophon für immer verstummt. Stattdessen scheppert jetzt das maschinelle Ungeheuer überdimensional. Nur in der Urlaubszeit herrscht Stille. Es frisst vor allem Holz aus Russland, das damit seine Wälder noch weiter verwüstet. Unendlich lange Lastwagen schütten ihre Ladung wortlos in den Schlund des Monsters. Dort wird es zu den Stücken verdaut, die der Markt benötigt. Ohne Menschenhand und ohne Zor-ro. Dieser Bericht ist eher traurig. Tröstlich ist, dass Zor-ro in einem Dorf lebte, das ihm eine eigene Nische für sein bescheidenes Leben bieten konnte – auch wenn dadurch seine Probleme nicht gelöst wurden. Im Dorf ist er eine Legende.

12 Dritte Lektion: Das Sommerhaus

Wer noch nie im Sommer am 62ten Breitengrad war, kann sich kaum vorstellen, wie sich hier der Abend fast übergangslos zum Morgen wandelt. Da kann man sich schon mal beim Lesen im Boot mächtig mit der Zeit verkalkulieren. Süße Ewigkeit, endlose Tage … Zugegeben, das gilt nur bei gutem Wetter, für das wir uns gegenüber Besuchern schon längst nicht mehr verantwortlich fühlen. In sonnigen Sommern werden die Finnen für die langen, lichtlosen Wintermonate entschädigt. In verregneten Sommern demonstrieren sie Besuchern ihre Zähigkeit, indem sie angesichts einer offensichtlich unterschlagenen Jahreszeit den ausgefallenen Sommer in ein exotisches Licht stellen. Sie sagen dann gern »Der finnische Sommer ist kurz aber schneearm«.

Zugegeben, ich habe keinen direkten Zugang zur finnischen Seele und habe in der Lektion Sommerhaus sicher auch erst die Zwischenprüfung abgelegt, aber so viel ist klar: Wenn Finnen an den Sommer der Kindheit denken, scheint die Sonne ununterbrochen wie im schwedischen Bullerbü. Verregnete Sommer ohne hochroten Himmel zu Mitternacht gibt es in der schönen Literatur nicht, höchstens in manchen grimmigen Szenen von Aki Kaurismäki.

Meine Wetterwahrnehmung hat sich durch das Segeln gewandelt. Vor dem Segeln gab es zwei Kategorien für Wetter in Finnland: gutes und schlechtes Wetter. Jetzt heißt gutes Wetter »Flaute«, ideal fürs Motorboot und für die Gäste, und ist eigentlich schlechtes Wetter. Schlechtes Wetter ist jetzt potenzielles Segelwetter, je nach Niederschlag und Wind – und weniger beliebt bei Gästen. Der Rest ist Schietwetter und definitiv bei allen unbeliebt.

Mit diesem Raster ist es einfach, die Sommerhausaktivitäten mit dem Wetter in Einklang zu bringen. Flaute heißt Ausflüge, Beeren pflücken, am Feuer kochen, sonnen für die, die's mögen, schwimmen, auf einem Felsen sitzen und lesen und was man sonst noch machen kann, wenn das Hochdruckgebiet sich fest eingenistet hat. Segelwetter ist gut für mich, schlecht für Ausflüge, und Schietwetter ist perfekt für die Sauna und gemütliches Einigeln. Wenn also Wetterkonsumenten in Finnland Probleme haben, liegt es an der Feinabstimmung der Aktivitäten mit dem Wetter.

Warum rede ich vom Wetter? Weil es zeigt, wie anders der Lauf der Gestirne am 62. Breitengrad aussieht als in den 40ern und 50ern. Mal endlose Tage, dann endlose Nächte. Das sorgt für andere Temperaturen, anderes Licht, eine andere Leichtigkeit des Seins – und Schwere, die wir aber bei Flaute nicht sehen.

Nehmen wir eine überraschende Wende des Wetters und seine Folgen am Sommerhaus. Zum Beispiel fiel 2006 vom 31.Oktober zum 1. November die Temperatur vom Plusbereich innerhalb von 12 Stunden kontinuierlich auf minus 20 Grad, als wir gerade eine kurze Herbstvisite einlegen wollten. Plötzlich gab es eine Schneedecke von einem halben Meter. Der Waldweg war auf den ersten drei Kilometern geräumt. Danach wäre auch mit einem Geländewagen kein Durchkommen.

Wir steigen aus. Das Thermometer zeigt minus 18 Grad. Wir kramen hektisch unsere warme Unterwäsche, Socken und Stiefel aus dem Koffer, ziehen sie umständlich bei laufendem Motor an, schauen in die undurchdringliche Dunkelheit. Es ist Nachmittag gegen halb fünf. Bis zum Morgen wird der Wagen zu einem Klumpen Eis gefrieren. Leena sagt »Wenn doch jetzt der Matti käme, mit seinem Schneeschieber.« Dieser Matti ist ein alter Schulfreund, Bauer und der Mann, der den Schneedienst für die Sommerhausgemeinschaft verrichtet.

Hier klappt es noch mit dem Wünschen. Kaum hat sie ihren Wunsch ausgesprochen, da wird das Stockfinster des Nachmittags von einem hellen Strahl zerrissen. Wir hören das Geräusch eines Traktors, der plötzlich haushoch neben uns steht. Hoch oben öffnet sich eine Tür. Heraus kommt bekannter Matti. Ein kurzer Wortwechsel. Man versteht sich ohne lange Rede, und ehe wir uns versehen, sind die fehlenden zwei Kilometer zum Sommerhaus schneefrei.

»Sommerhaus« im Winter. Dafür ist es eigentlich nicht gebaut, trotz Doppelscheiben, isoliertem Dach und Fußboden – und Bohlen von 24 cm Durchmesser. Auf den Trampelpfaden versinken wir im Schnee. Der See dampft im Licht des Suchstrahlers vom Yachtversand. Wir versuchen, die Temperatur im Blockhaus im Plusbereich zu halten, ohne das Haus abzufackeln. Im Alkoven schlafen wir dem Sonnenaufgang entgegen. Eine überlange Nacht.

Als es endlich hell ist, geht es durch knie- bis hüfttiefen Schnee hinunter zum See, der seine letzte Wärme verdunstet. Es ist minus 20 Grad. Der Wasserdampf ist an den Bäumen gefroren. Alles ist in kleine Eiskristalle getaucht. Bei absoluter Windstille bilden sich auf dem Wasser Linien aus Eis. Die Landschaft erstarrt vor unseren Augen. Immer mehr Linien auf dem Wasser verdichten sich zu einer Eisschicht, die bald die Stille mit ihrem gläsernen Klirren durchbricht. Diese Szene kannte ich bisher nur annähernd aus der irrealen Welt von Hollywood. Die Realität fährt mir ins Mark. Ich empfinde unübertroffene Schönheit. – Und Finnland? Das Land ist überrascht, aber nicht überrumpelt. Die Schneepflüge gehen ihrem Geschäft nach, etwas früher als üblich, aber ohne Panik. Die Züge fahren, die Flieger fliegen, und die Nachrichten berichten über einen frühen Wintereinbruch.

Wer das Land kennt, wundert sich nicht über diese Episode, kennt den Winter in dieser Region, ist vielleicht auch schon einmal bei einer Meisterschaft im Eisfischen dabei gewesen. Autos und Laster auf dem zugefrorenen See, in Abständen runde Löcher im Eis, davor ein Angler auf einem Klappstuhl. Die Mittagssonne steht müde über dem Horizont und vergoldet die weiße Szene. Ein Stand mit heißem Kaffee vor einem offenen Feuer auf dem Eis. Der heiße Kaffee ist willkommen bei einer Kälte von minus 25 Grad. Du siehst, wie er dampfend in den Becher gegossen wird, und hast kaum Zeit, ihn herunter zu schlucken, bevor er gefriert. Als heißer Kaffee gegossen, als kalter Kaffee getrunken. Als ich diese Szene zum ersten Mal sah, schaute ich mich auf dem massiv eingefrorenen See um und fühlte, wie die Himmel mit der Weite der Landschaft verschmolz. Für einen Menschen aus einer Kulturlandschaft ist das ziemlich exotisch und – wenn man es zulässt – ordentlich beeindruckend.

Spricht aus diesen Worten Bewunderung? Oder Begeisterung? Klar! Die mächtige Natur des Landes ist dem Ursprünglichen unseres Wesens näher als eingezäunte Wiesen und Wege aus Asphalt. Bei Nacht sieht man Sterne, tags zeigt die Sonne die Zeit, Beeren wandern vom Strauch in den Magen. Das Wasser kommt aus dem See, nicht aus der Leitung, zugegeben – in Eimern. Der Fisch kommt ebenfalls aus dem See, nicht aus der Kühltheke. Man kann ihn selbst fangen und am Feuer zubereiten.

Wenn man überlegt, was man den Tag über treibt, dann sieht man schnell, dass man sich ununterbrochen in den vier Elementen der Alchemisten suhlt: Wasser, Feuer, Luft und Erde. Wir schwimmen im See, schippern darauf herum, waschen uns mit seinem Wasser in der Sauna und trinken es im Tee. Zum Kochen machen wir Feuer, und zwar in einer Steinkuhle. Brennmaterial liegt überall frei herum. Hier wird nicht gefegt oder geharkt. Wir benutzen einen Eisentopf, eine große Eisenplatte für alles Essbare, vom Fisch über Gemüsepfanne bis zum Pfannkuchen – oder garen direkt am Feuer, zum Beispiel Fisch. An der Glut geröstetet (»Loimulohi«). Die Hände werden schwarz. Der

Geruch des Feuers haftet am Körper. Nichts, was die Sauna nicht wieder rückgängig machen könnte. Die Erde gibt uns Beeren und Pilze. Und der Wind … lässt uns segeln. Auch eine Naturerfahrung. Vielleicht hatte das Segelvirus deshalb so ein leichtes Spiel mit mir.

Ausländische Besucher kennen diese Zusammenhänge nicht unbedingt. Sie haben ihre eigenen Vorstellungen und Erwartungen. Manche erwarten eine Urwelt à la Jurassic Park und sind enttäuscht, wenn niemand von Bären oder Wölfen angegriffen wird. Anbieter von Abenteuertourismus nähren diese Erwartung. Untertitel im »Nordeuropamagazin Nordis«: »Bei jedem Landgang werden großkalibrige Gewehre mitgeführt für den Fall einer Konfrontation mit einem Eisbär.« Dazu das Bild von einem singulären outdoor adventurer mit besagtem Bärentöter, im Hintergrund das Kreuzfahrtschiff im Norden Europas mit einer kompletten technologischen »Bio«-Sphäre für die Polartouristen. Die so eingenordeten Besucher aber haben Probleme, wenn einmal ein kleiner Barsch anbeißt.

»Da is einer dran. Was mach ich jetzt?«

»Na, zieh ihn raus.«

»Und jetzt? Kann man den essen?«

»Ja, das is'n Barsch. Den kannste essen. Pass auf die Rückenflosse auf, die hat Stacheln.«

Wir entfernen den Haken und kommen nun zu einem Punkt, der für viele Abende Gesprächsstoff ergeben hat. Die Kreatur muss das Leben lassen. Wir lernten als Kinder »Quäle nie ein Tier zum Scherz, denn es fühlt wie Du den Schmerz.« Der Besucher will auch die Natur erleben und den selbst gefangenen Fisch essen. Vorher gibt es aber noch einen Akt, den er nicht kannte. Ich will nicht angeben, denn ich bin ja auch nicht als Jäger und Sammler geboren. Es regt sich erheblicher Widerstand in unserer Seele, wenn wir das schleimhäutige Wesen an der Luft japsen sehen, und wir wollen ihm an den Kragen. »Fischmörder!«, geht es dir durch den Kopf. Heute wäre ein guter Tag, um Vegetarier zu werden. – Immerhin hatte der Fisch ja seinen schönen See und nicht ein enges Betonbecken mit Futtermaschine und hydrochemischen Sensoren.

Ein weidmännischer Schlag und ein gezielter Stich verwandeln das zappelige Wasserwesen in schmackhaftes Protein, das nur noch ausgenommen werden muss. Auch dies ist eine neue Erfahrung für den Asphaltmenschen. Kein Wunder, dass Thomas Morus den Menschen in Utopia abgestumpfte Schlächter zur Seite stellte, um die Seele der Utopianer nicht verrohen zu lassen. Einspruch! Und was ist mit den Schlächtern? Das sind die Söldner der Fleischhersteller. Unsere vegetarischen Freunde kommen jetzt richtig in Fahrt. Genau! So ist es doch heute. Das Morden ist industrialisiert und geschieht im Verborgenen. Wenn die Menschen selbst die Tiere töten müssten, die sie essen, würde der Fleischkonsum drastisch sinken. Da ist was dran, hört sich aber etwas radikal an. Ich wäre für eine Zwischenlösung.

Die Moral von der Geschicht'? Die Nähe zum Ursprünglichen hat seine Schattenseiten. Man steht unvermittelt vor dem Widerspruch seiner Moral, wenn man selbst in den Kreislauf des Lebens eingreift. Dazu werden die Hände schwarz, und man riecht nach Fisch und Rauch. Außerdem muss man sich viel bewegen: Holz sammeln und hacken, Feuer machen, Wasser schleppen, rudern, angeln, Beeren und Pize suchen, Birkenzweige für Saunaruten holen. Wenn man Besitzer eines Sommerhauses ist, kommen noch die Instandhaltungsarbeiten hinzu. Manchmal muss man auch ein Bootshaus bauen oder einen Schuppen. Der Bootssteg ist immer in Bewegung, Schnee und Eis hinterlassen ihre Spuren, die man wie Sysiphus endlos zurück drängen muss.

Wäre das etwas für Sie? Hier scheiden sich die Geister. Mein Freund Hanjo ist begeistert dabei. Er war mein Lehrmeister in Sachen Fischen. (Ich muss zugeben, dass ich keinen Fischereischein besitze, und von ihm gelernt habe, mit Blinker, Vorfach & Co. umzugehen.) Hanjo sieht die enorme Weite mit derselben Begeisterung wie die Symbiose von Moosen und Flechten, die die Natur auf dem nacheiszeitlichen Geröll für ihn ausgestellt hat. Darauf kein Fußabdruck. Jeder ist hier der erste Mensch, der das Werk der Natur betritt.

Charlie und Mike dagegen erschaudern schon bei dem Gedanken an die vielen creepy-crawlies, die sie im Gehölz vermuten, wie den gemeinen Ohrenbeißer, angebliche Bohrwürmer und anderes Getier, das vor allem in ihrer urbanen Phantasie zu Hause ist. Man trifft sich besser in der Stadt, am besten einer großen Stadt, mit vielen Cafés und Restaurants. Helsinki kann da gut mithalten. Da braucht man auch nicht Finnisch zu sprechen, weil Jan und Jedermann ohne Zögern die internationale Lingua Franca der Gegenwart anbieten:

»Yu niit äni hälp?«

»Jäs, I wont a Hämböga wid kätschap.«

»Wan moment, pliiz.«

Da geht man nicht verloren, und der Hamburger der Lieblingskette ist genauso international gleichförmig wie das Touristenpidgin aller Großstädte.

Ich glaube, man hört jetzt schon etwas meine eigene Meinung heraus; ist ja auch kein Wunder. Ich gehöre halt zu den Freunden des Sommerhauses und der Originalversion der Natur, durch und durch; mit schmutzigen Händen, Rauch- und Fischgeruch am Körper und Wind auf der Haut.

Mein Lieblingsgast am Sommerhaus? Abgesehen von Hanjo, meinem Lehrmeister in Sachen Angeln, wahrscheinlich Yanyin, die in ihrem Alltag in den Großstädten der Welt zu Hause ist und trotzdem auf ganz unbefangene Weise einen direkten Zugang zu den großartigen Angeboten von Wald und See fand. Das offene Feuer in der Einsamkeit, der gefangene Fisch, der steile Fels waren keine Sensationen, sondern bewundernswerte Dinge, die wir teilen durften.

Als wir einen Lachs über der Glut langsam garen ließen, beobachtete sie gelassen, aber aufmerksam, wie die Fischhaut knusprig wurde. Wir teilten den Fisch, nur mit grobem Meersalz gewürzt. Mir wurde zuerst ihr Schmatzen nicht bewusst, weil wir uns wohl alle die Finger geleckt hatten. Gerade waren wir im Begriff, die Fischhaut im Feuer zu entsorgen, da wurde ihre Gestik unvermittelt heftig. Sie erklärte sich aus einem Schmatzer heraus bereit, diesen Teil selbst zu verzehren, und bot uns dabei auch die besonderen Delikatessen an - die gegarten Fischaugen. Leena und ich brachen spontan in schallendes Gelächter aus.

»Was, die Augen?«

»Ja, die sind doch das Beste! … Bitteschön!«

Wir hatten unseren Meister gefunden – und verzichteten zu ihren Gunsten. Yanyin war nicht im Geringsten verunsichert oder beleidigt und genoss nun diese Delikatesse und die Ehre, die ihr zuteil wurde. Wir ließen uns die Gelegenheit nicht entgehen, dabei ausführlich die nationalen Vorurteile von Chinesen, Deutschen und Finnen auszutauschen, und tranken darauf einen Wodka.

13 Luigi, der Anti-Finne

Was verbindet Finnland mit Italien? Wenn man den Schlagzeilen der Tagespresse glaubt, ist es das Glück, denn Sozialpsychologen haben das Glück in der Welt vermessen und dabei sowohl die skandinavischen Länder, einschließlich Finnland, als auch die romanischen Länder und Lateinamerika geortet. Wie kann das sein? Dass die Italiener mit ihrem schönen Wetter, dem gesunden und leckeren Essen und ihrer positiven Lebenseinstellung glücklich sind, leuchtet ein. Aber die Finnen? Bei dem Wetter, der ur-lutherischen Lebenshaltung ohne Abbuße? Die Lösung: Die Italiener verstehen unter Glück das Gefühl der Glückseligkeit, das uns vor Freude singen und tanzen lässt, die Finnen dagegen das stetere Gefühl von Zufriedenheit und Gewissheit, vor allem Gewissheit der Planung.

Man muss sich nur die Wettervorhersage in beiden Ländern ansehen, um dies nachzuvollziehen. In Italien erklärt eine gewagt gekleidete Michelle Hunziker mit weit geöffneten Augen, vollmundigem Lächeln und reicher Körpersprache die Bewegung der Lüfte, während in Finnland eine namenlose aber diplomierte Meteorologin in grauem Hosenanzug mit eingefrorener Mine und versteiften Gelenken eine Vorhersage wagt, den Akt des Fingerzeigs mit kaum merklichen Flügelschlägen andeutet – wie ein Pinguin, der vom Fliegen träumt – und dabei regelmäßig die angesprochenen Regionen verpasst.

Lenken wir einmal kurzfristig den Blick weg von der natürlichen Einfachheit der letzten Urlandschaft Europas und richten ihn auf einen Raum, in dem schon vor über zweitausend Jahren Städte standen. Ein alternatives Paradies, das anderen Gesetzen folgt. In diesem Biotop leben Menschen wie Luigi, die mit Finnland komplett inkompatibel sind. Wenn man mit Luigi unterwegs ist, nehmen die Dinge ihren eigenen Verlauf, den man vorher nicht bestimmen kann. Vielleicht sind es Fügungen des Schicksals. Nur statistisch scheint das Schicksal in seiner Umgebung signifikant mehr zu fügen als anderswo.

Nehmen wir die Einladung zur Ferienwohnung in Gaeta, die seit Jahren im Raum stand. Luigi und ich hatten beruflich in Verona zu tun gehabt. So bot sich die Gelegenheit, 650 Kilometer weiter in Richtung Süden – eben nach Gaeta – zu fahren. Vorher trennten sich unsere Wege für einige Tage – für ihn über Rom und für Leena und mich über die Toskana, die auch schon seit Jahren auf unseren Besuch wartete.

Bevor wir auseinander gingen, sagte Luigi fast nebensächlich:
»Dann treffen wir uns am Samstag in Fornia – am Bahnhof – um 18 Uhr.«
»Fornia?«
»Ja, gleich nebenan. Gaeta hat ja keinen Bahnhof.«

In diesem Augenblick erschien uns die Aussage üppig bestückt mit Informationen und völlig logisch. Übervorsichtig fragte Leena noch nach der Telefonnummer in Gaeta, die er nach längerem Suchen auf einem abgerissenen Fetzen einer Quittung in seiner Brieftasche fand. Wir gaben sie gleich in unser Mobiltelefon ein.

In der Toskana. Wie das klingt! So war es auch. Umwerfend im kulinarischen Ressort, ebenso landschaftlich und menschlich, soweit die Sprachbarriere es zuließ. Meine Hoffnung bestand darin, dass sich mein Schullatein rasant in eine Art Italienisch auf Basisniveau verwandelt.

Bevor das geschehen konnte, waren wir schon dabei, Steffi, d.h. unser Navi, auf Fornia einzustellen. Steffi fand die Route sofort und verkündete eine Fahrzeit von fünf Stunden. Wir nahmen uns sieben Stunden Zeit. Und etwas Proviant.

Sie wissen, was kommt. Richtig, der Stau - bei Rom. Unser Puffer von zwei Stunden schwand in der schönen Hitze Italiens, die uns im klimatisierten Auto nichts anhaben konnte. Der Proviant verhinderte zwar ein Stimmungstief, aber wir konnten nun laut Steffi eine pünktliche Ankunft nicht mehr sicher zusagen. Dies erforderte Plan B, den meine finnische Frau übervorsichtig bereit hielt. Luigis Nummer. Natürlich über die Freisprechanlage:
» Pronto!«
»Ciao Luigi. Sono Felix.« (Hallo Luigi. Hier ist Felix.)
»Chi parla?« (Wer ist da bitte?)
»Vorei parlare con Luigi.« (Ich möchte mit Luigi sprechen.)
»Qui non abita nessun Luigi.« (Hier gibt's keinen Luigi.)
Ende der Mitteilung. Das war's dann.
Nochmal.
»Pronto!«
»Ciao Luigi. Sono Felix.«
»Chi parla?«
»Vorei parlare con Luigi.«
»Ripeto che qui non abita nessun Luigi. Ma Lei chi è?«

(Ich habe schon gesagt, hier gibt's keinen Luigi. Und wer sind Sie?)
»Sono Felix da Germania. Luigi e un amico, che ha invitato me da sul ap-
partimento in Gaeta.«
(Ich bin Felix aus Deutschland. Luigi ist ein Freund, der uns in sein Apart-
ment in Gaeta eingeladen hat.)
»Ma sei proprio tosto. Non parli l'italiano e mi telefoni lo stesso.«
(Du hast einen Nerv. Du sprichst kein Italienisch und rufst hier einfach so
an.)

Ohje, das konnte man aber jetzt nicht über das Lateinische einfach so zurück rechnen. Ich glaub' der war nicht amüsiert. Jedenfalls war die Nummer
falsch. Was sagt man denn, wenn man sich freundlich verabschieden und aus
einer Sache herauswinden möchte?

»Grazie.«
Und Ende. Das war's wirklich.
»Ja, und jetzt?«
»Keine Ahnung. Wo ist denn die Wohnung?«
»Na, in Gaeta.«
»Und warum fahren wir dann nach Fornia?«
»Weil Gaeta keinen Bahnhof hat.«
»Was sollen wir denn auf dem Bahnhof? Wir fahren doch mit dem Auto.«
»Das ist so ein guter Treffpunkt.«
»Wir hätten doch genauso gut die Adresse von der Wohnung ins Navi ein-
geben können.«
»Stimmt. Aber die ham wir nicht. Und Luigi glaubt nicht an Navis.«
»Das gibt's doch gar nicht! Wie sollen wir den denn jemals finden – ohne
Adresse?«
»Er wird bestimmt warten.«

Die Hitze ließ nach. Das war ein schlechtes Zeichen, denn die Zeit schritt
voran. Immerhin konnte man sich auf der Autostrada zügig fortbewegen, wenn
auch mit zunehmendem Magenknurren. Dann runter von der Autostrada. Die
Sonne ging unter. Wir dachten an Luigi, wie er stundenlang vergebens auf
seine Gäste am Bahnhof wartete, die treue Seele.

Steffi zeigte brav die Karte. Fornia war ganz in der Nähe. Aber unerreichbar,
denn die nächste Baustelle auf der Landstraße wartete mit einem völligen Ver-
kehrschaos auf.

Inzwischen war der Rest des Sonnenuntergangs in Dämmerung übergegangen. Der auflandige Seewind brachte leichten Nieselregen, und die Carabinieri in ihren maßgeschneiderten Armani-Uniformen mussten sich um ihr Äußeres sorgen. Sie bekämpften diese Sorge mit kleinen Regenschirmen, die sie mit zwei Fingern in der Linken hielten, um mit der Rechten den Verkehr etwas zu lenken, also das kleinere Problem.

Auf die Fahrzeuge hatte der Aufzug der Carabinieri keine messbare Wirkung, zumal sie wegen der einsetzenden Dunkelheit auch kaum zu sehen waren. Offenbar sehr zu ihrer Erleichterung. Das Problem waren aber weder der Regen noch die befeuchteten Carabinieri, sondern die Art, in der eine nicht genau feststellbare Zahl von Asphaltbahnen ihre Linien kreuzten, etwa wie mehrere Perlenketten, die an einem Punkt verknotet sind, die aber eigentlich fließen müssen. Hier wäre ein vierdimensionaler Reißverschluss die einzige Lösung gewesen.

Stattdessen Chaos bis etwa 20 Uhr. Armer Luigi. Kaum waren wir durch das Nadelöhr hindurch, da verkündete Steffi auch schon die nahende Ankunft am Bahnhof – mit mehr als zwei Stunden Verspätung. Keine Zeit, die letzte Schokolade zu verschlingen.

Vor dem Bahnhof von Fornia bewegte sich eine lärmende Lawine von Fahrzeugen in Warteschleifen. Wir parkten in der vierten Reihe. Zwei Paar Augen scannten die Umgebung nach der gedrungenen Gestalt unseres Gastgebers. Jeder fand mindestens zwanzig passende Personen, die sich dann aber bei Annäherung in Fremde verwandelte. Die Anzahl der Fast-Doppelgänger nahm nicht ab. Sie stiegen aus Autos, rannten zum Zug, stiegen in Busse und Taxis ein. Nur der echte Luigi war nicht da.

Ein Gefühl von Verlassenheit kam hoch. Sollten wir die Herumhetzenden etwa fragen, ob Luigi hier war? Ein gedrungener Mann mittleren Alters, süditalienischer Typ. Eine hervorragende Charakterisierung. Überhaupt, wie würde man das auf Pidgin-Italienisch sagen? – Beratung:

»Wir haben doch die Telefonnummer seiner Mutter in Rom.«

»Aber die Mutter ist doch jetzt in Gaeta.«

»Vielleicht ist ja jemand zu Hause.«

»Ruf Du mal an. Du kannst ja Latein.«

Das mit dem Latein war ja schon bei Luigis falscher Nummer nicht sehr erfolgreich gewesen.

»Pronto.«

»Buona sera. Sono un amico di Luigi.«

»Luigi non c'è.«

 (Luigi ist nicht hier.)

Aufgehängt.

»Die hat aufgehängt.«

»Versuch's noch mal.«

»Was heißt denn Telefonnummer?«

»Hatten die alten Römer wohl nicht.«

Zweiter Versuch:

»Pronto.«

»Buona sera. Vorei parlare con Luigi.«

»Luigi è a Gaeta. Torna fra due giorni.«

(Luigi ist in Gaeta. Er ist in zwei Tagen zurück.)

 Aufgehängt.

»Telefonnummer. Ich brauche die Telefonnummer.«

 Dritter Versuch:

»Pronto.«

»Buona sera. Sono a Gaeta. Vorrei il nummero di telefono di Luigi a Gaeta.«

Bingo! Sie rückte die Nummer heraus. Auf Italienisch. Vorsichtig wiederholen. Das war's. Grazie. – Luigis Mutter meldete sich:

»Pronto.«

»Buona sera. Sono Felix, un amico di Luigi.«

Das hatten wir ja schon geübt.

»Ecco i Felici. Finalmente. Dove siete?«

 (Ah, die Felici. Endlich. Wo seid ihr denn?)

»Siamo in stazione di Fornia.« (Mein Fehler.)

(Wir sind am Bahnhof von Fornia.)

»Ma dov'è Luigi, quel semplicione inutile?«

(Wo ist denn Luigi, dieser nutzlose Einfaltspinsel?)

»No so io.«

(Weiß ich nicht.)

»Aspettate mi alla stazione. Ci arrivo fra dieci minuti. Rimanete fermi lì.«

(Ihr wartet am Bahnhof! Ich bin in zehn Minuten da. Rührt Euch nicht vom Fleck!)

Eine strenge Kommandantin. In diesem Augenblick ist sie schon bei Antonio, der an der Ecke eine Galerie, also einen Laden für Bilderrahmen betreibt, und gebietet ihm, sie schnellstens zum Bahnhof nach Fornia zu fahren, wo eine internationale Delegation sie erwartet. In weniger als zehn Minuten klingelt das Händi.

»Felici, dove siete? Salite e fattemi cenno perchè io possa verdervi.

Ho capito. E` il biondo là.«

(Felici, wo seid ihr? Steigt aus und winkt, damit ich Euch sehe.

Ah, klar, der Blonde da.)

Schon ist sie bei uns und befiehlt, ihr zu folgen. Ach so, das ist Antonio. Er muss mich fahren. Ich hab' doch keinen Wagen. Ich bin Maria. Folgt mir. Wie hat Luigi das nur wieder verpatzt.

Die Wohnung ist sehr geräumig, ausgestattet mit allem Essenziellen, reichlich Schlafräumen, römisch eingerichtet, einem Balkon und vor allem der heiligen Stätte der Essenszubereitung. Man fühlt die Nähe des Meeres auch bei Nacht. Alles könnte perfekt sein, wenn nur die eine Person nicht fehlte, die alle Anwesenden verbindet, unser Gastgeber.

Yumiko, Luigis Frau, empfängt uns herzlich und besorgt. Für japanische Ohren klingt Italienisch nicht wie verfremdetes Latein. Sie hat keine Ahnung, wie wir nun ohne Luigi hierhergekommen sind. Daher will sie nur wissen »Where is Luigi?«. Während wir ihr erklären, was passiert ist, wird Maria klar, dass ihre Mission das Problem nur zum Teil löst. Da fehlt noch der Sohn.

Plötzlich beginnt ihr Mutterherz ganz heftig zu schlagen für den nutzlosen Einfaltspinsel. Sie lässt sich unsere Geschichte erzählen, oder besser sie serviert die Teile der Geschichte, die wir dann nur bestätigen müssen. So haben wir zwei Frauen in einem Raum, die durch einen fehlenden Sohn/Mann verbunden sind und die nicht miteinander sprachlich kommunizieren können.

Krisenmanagement ist gefragt. Ein klarer Fall für den Einsatz einer finnischen Frau. Erster Streich. Leena:

»Am besten trinken wir jetzt einen Tee. Das beruhigt. Dann denken wir nach.«

Wir haben etwas Gemeinsames, den heißen Tee. Wir überlegen zweieinhalbsprachig, wo der Gute denn abgeblieben sein könnte und wie lange er wohl gewartet hat. Leena fragt nach seinem Händi. Es stellt sich heraus, er glaubt nicht an Händis. »Die wollen nur ständig mit Geld und Strom aufgeladen werden«, zitiert ihn Yumiko. »Nutzlos«. Dabei imitiert sie wohl unbeabsichtigt seinen italienischen Akzent.

Maria ist außer sich. Sie versucht sich zu beruhigen, indem sie immer wieder ausruft »Calma, Maria! Calma!« Dann fasst sie den Entschluss, alle Krankenhäuser der Region anzurufen. »Vielleicht hatte er einen Unfall.« Sie kann vor Aufregung kaum die Nummern wählen. Wir diktieren sie ihr. – Ergebnis der Umfrage: der verlorene Sohn ist in keinem der Krankenhäuser. Das verschlimmert nur Marias Unruhe. Yumiko erhält keinen Raum für ihre Sorge. Dann sind die Polizeistationen dran. Wieder Diktat. Wir klappern sie ab – mit mehreren erfolglosen Anrufen. Dann ein aufgeregter Wortwechsel, und Maria knallt den Hörer auf die Gabel (das geht noch bei dem Gerät und tut sichtbar gut).

»Was war?«

»Ich sagte, mein Sohn ist seit sechs Uhr vermisst, also seit fünf Stunden.«

»Ja und?«

»Er fragte, wie alt der Sohn ist. Ich sagte 62, und da meinte er, ›Lassen Sie den Mann endlich in Ruhe‹, und hing auf.«

Erheiterung bei zwei Personen. Die Betroffenen aber bleiben angespannt.

Zweiter Streich. Leena: »Lasst uns was essen. Er wird schon kommen.« Die Krisenmanagerin stellt eine offene Frage an die hyperventilierende Mutter.

»Also, Maria. Sie wohnen eigentlich in Rom, ja?«

Die Antwort erstreckt sich über etwa eine Stunde, in deren Verlauf unser Pidgin-Italienisch zunehmend gewagter wird, und es offenbart sich eine höchst bedenkenswerte Lebensgeschichte, die nach Berlin führt. Ja, in die unaussprechliche Periode, die ich Gott sei Dank nicht erleben musste. Aber da ist sie wieder, unsere deutsche Vergangenheit.

Soviel wird klar, Maria war als Zwangsarbeiterin zur Waffenproduktion nach Berlin gekarrt worden. Vielleicht ist es ein Segen, dass wir nicht alles verstehen können. Aber es wird deutlich, dass diese Erfahrung ihre Persönlichkeit geformt hat. Während des Transports wurde allen Frauen angeblich aus hygienischen Gründen, in Wahrheit zur Erniedrigung, der Kopf geschoren. Maria aber blieb standhaft trotz massiver Drohungen und widersetzte sich der Erniedrigung. Dies trägt sie noch heute als großen Triumph in ihrem Herzen.

Im Laufe der Erzählung zeigt sich, dass sie dem ehemaligen Peiniger vergeben hat, nun aber etwas ostentativ ihr gutes Leben mit ihm teilen will, wobei es streng genommen der Wohlstand des Medizinersohnes ist, über den sie herrschen möchte. Mir scheint, dass unser Besuch für sie etwas von »Alpha und Omega« hat und finde in der vielschichtigen Lage keine Worte des Trosts und der Entschuldigung – und schon gar nicht auf Italienisch. Wahrscheinlich reicht aber meine reine Anwesenheit und Sprachlosigkeit.

Der Raum war voll von Zwangsarbeit, als Luigi plötzlich gegen ein Uhr morgens in der Tür stand. Aufruhr. Diese Szene gehörte Mamma Maria und Luigi. Die Sprechgeschwindigkeit ließ nur erahnen, dass Vorwürfe heftig ausgetauscht wurden. Wieder blieb außer der Berührung kein Raum für Yumiko. Die »Felici« brauchten ohnehin einen Moment, um sich bei dem abrupten Szenenwechsel neu zu orientieren.

Es folgte eine herzliche Begrüßung des um sieben Stunden verspäteten Gastgebers. Nun war es an der Zeit, die verwirrten Vorgänge aufzuklären. Luigi war mit dem Bus zum Bahnhof von Fornia gefahren, hatte dort lange gewartet und sich dann entschieden, zurück nach Gaeta zu fahren. Dazu bestieg er einen – wohl irgendeinen – Bus an derselben Stelle, an der er ausgestiegen war, und fuhr in den Sonnenuntergang.

Er musste lange unterwegs gewesen sein, als er bemerkte, dass der Bus die Zivilisation längst hinter sich gelassen hatte und sich nun durch das Gebirge zum Monti Aurunci quälte. Das Schlüsselwort Gaeta löste beim Fahrer eine sofortige Vollbremsung aus. Er war aufgebracht und hetzte Luigi wohlwollend auf die andere Seite der Landstraße. Dort sollte in den nächsten Minuten der Bus zurück ins Leben auftauchen.

Luigi stand nun ganz allein auf weiter Flur, der vertraute Geruch des Diesels verflüchtigte sich, und er bemerkte, dass es regnete. Abgeschnitten, gestrandet in der wilden Natur, bei Regen. Kein Neonlicht weit und breit. Der versprochene Lebensretter kam nicht, und so stapfte Luigi tapfer weiter an den Hängen des Monti Aurunci. Nach einer unbestimmten Zeit des mutigen Stapfens sah er ein Licht, das sich im Näherkommen als Leuchtreklame entpuppte. »Da Luigi« in Neonlettern. Das war ein Zeichen.

So tauschte er die Trostlosigkeit des wilden Gebirges mit dem Fetzen Zivilisation ein, der sich hier eigens für ihn aufgetan hatte. Die überaus angenehme Serviererin riet nicht zur Eile. Sicher kommt bald jemand mit dem Wagen vorbei und wird ihn mitnehmen – nach Gaeta. Das traf sich gut, denn inzwischen wären eine Speise und ein Getränk eine gute Entschädigung für die Anstrengung. Auch die Bestellung traf sich gut, denn es waren sonst keine Gäste im Haus.

Gestärkt von dem herrlichen Mahl wanderten Luigis Gedanken zum Bahnhof von Fornia, den geladenen Gästen, seiner Mutter und seiner Frau. Ein Mobiltelefon wäre hier ohnehin nutzlos, da es entweder kein Netz gab oder das Gerät wieder mit Strom oder Geld aufgeladen werden wollte. Er verwarf den Gedanken und fragte die überaus angenehme Serviererin nach dem Festnetz. Kein Problem. Nur wo waren die Telefonnummern? Seine Brieftasche brachte reichlich Telefonnummern auf ökonomisch beschrifteten Kleinzetteln hervor, die er wiederverwertet hatte. Stücke von Fahrkarten, Quittungen und sonstigen Nummernspeichern, die sonst achtlos »entsorgt« worden wären – als hätte man danach keine Sorgen mehr mit den Müllbergen.

Das Ergebnis entsprach nicht seinen Erwartungen. Keines der netten Gespräche, die er führte, bezog sich auf Mission Gaeta. Auch hatte in all der Zeit niemand beim Neonlicht angehalten. Also keine Mitfahrgelegenheit. Luigi verabscheut Verschwendung. So hatte er lange den Gedanken an ein Taxi unterdrückt. Nun war aber diese bittere Option unausweichlich. Er zahlte für das herrliche Mahl und bestellte widerwillig ein Taxi. Hätte es nicht geregnet, wäre er auch gern zu Fuß gegangen.

»Bravo!« entwich es Maria. Nun wurde es Zeit, eine weitere Flasche Wein zu öffnen und auf das freudige Wiedersehen anzustoßen. Endlich vereint. Bei all der Freude blieb eine Frage ungestellt: »Wie habt Ihr eigentlich zur Wohnung gefunden?« Das ist halt das Schöne an Italien. Immer positiv nach vorn schauen.

Lenken wir unsere Gedanken zurück nach Finnland. Luigi will definitiv nie nach Finnland. Alles, was uns in Finnland heilig ist, ist für ihn zumindest überflüssig, wenn nicht langweilig oder sogar abstoßend. Und alles, was er braucht, fehlt dort. Luigi ist der Anti-Finne. Und dies, obwohl die Liste seiner großartigen Eigenschaften schier endlos ist.

Beginnen wir mit der Natur. Luigi liebt die Natur. Morgens geht er gern von der Wohnung die kurze Strecke zum Strand, vorbei an Antonios Galerie, zieht sich im Sand Schuhe und Socken aus, krempelt die Hose auf bis über die Waden, setzt sich wenige Meter vom Meer an den Strand und liest die Zeitung oder ein Buch, vielleicht auch ein Fachbuch. Den unbehaarten Kopf schützt er mit einem Taschentuch, dessen vier Enden jeweils einen Knoten erhalten. Schwimmen? In Salzwasser? Nein, danke. Luigi ist Nichtschwimmer. Zur Hygiene duscht er mit keimfreiem (also gechlortem) Süßwasser. Bald beendet er die Exkursion in die Natur und ruft die Seinen zum Kaffee, den es wenige Meter weiter in der Strandbar gibt. Fast so gut wie von Luigi selbst. Natürlich Arabica.

Der Rückweg führt über den Markt, auf dem in wildem Treiben alles an Früchten, Obst, Gemüse, Kräutern, Fisch und Meeresfrüchten angeboten wird, was die Vorstellungskraft der besten Seher nur in den Mittelmeerraum hineinprojizieren kann. Aber Luigi ist wählerisch und rät uns im Gedränge von diesen Auberginen ab, rät zu jenen Limetten, packt noch ein paar frische Doraden ein, natürlich schon fertig ausgenommen. Frisch muss die Ware sein und darf nicht mehr zappeln. Er kauft kein Lebewesen, sondern ein frisches Nahrungsmittel. Dieser Fisch kennt keinen Wurm, keinen Haken. Er beginnt seine Existenz auf dem Markt. Das Meer ist keine Wasserstraße, nicht die Heimat von Wassertieren. Es ist eine blaue Kulisse, Ambiente, bestenfalls eine Duftnote.

Schwer bepackt kommen wir in der Wohnung an und zelebrieren die Zubereitung frischer Nahrung nach einer begnadeten Tradition, die mindestens bis ins Mittelalter zurück reicht und wenig Gebrauch macht von ungesättigten Fettsäuren. Die Auberginen verwandeln sich in melanzane alla griglia. Der Salat aus Lollo Bianco, Ruccola, Fenchel und Tomaten strotzt vor Frische und Sonnenreife. Die Doraden garen punktgenau auf dem Holzkohlegrill, gewürzt mit Salz, Basilikum und etwas frischer Limette. Dazu trinken wir einen kühlen Orvieto Classico aus der Region, alles gesittet auf gepolsterten Stühlen, am Tisch. Der Boden Terrakotta, die Luft gesättigt mit den köstlichen Düften der nachbarlichen Kochkünste. Dazu spielt der 2003 verstorbene Ruben Gonzales den Bolero »Si Te Contrara« auf dem Klavier – lebendig dank elektronischer Medien.

Zum Nachtisch flanieren wir auf dem Lungomare GiovannsySchleicherschritt. Passeggiata. Alle sind unterwegs im feinsten Outfit. Alte Herren mit breit geöffnetem Kragen aus den 70er Jahren oder davor. Schockfarben, Nadelstreifen, Bundfalten, Miniröcke, Leggings. Viel Schmuck. Gewagtes und Erprobtes. Aus dem Augenwinkel werden Yumikos unpraktische rote Lackschühchen taxiert, ebenso ihre grazilen japanischen Konturen. Die Frauen in unserer Begleitung verstehen bella figura und ernten neugierige und anerkennende Blicke, die aber nie zu unverhohlenem Glotzen mutieren. Wenn sich Blicke begegnen, wird ein Lächeln ausgetauscht, über Generationen, Stilrichtungen und Schichten hinweg. Hier ein Eis, dort ein Kaffee. Wenn das Paradies eine Stadt ist, heißt sie Gaeta.

Nun frage ich Sie: Was würde denn der städtische Bewohner eines solchen mediterranen Paradieses mit den Vorzügen des finnischen Jedermannsrechts anfangen, das es ihm oder ihr erlaubt, in der Wildnis zu campen, Beeren und Pilze zu sammeln, Fische zu fangen und sich frei auf dem Wasser und im Wald zu bewegen? Rein gar nichts! Außerhalb der Stadtmauern im Freien unter Stoff zu schlafen? Im Ungeziefer? Unbekannte Pflanzen aus dem besudelten Wildwuchs suchen und verzehren, womöglich mit Keinem übersät? Selbst auf die Jagd gehen und Tiere schlachten, zumindest Wasserbewohner? Dazu Menschen mit eingefrorenen Minen und steifen Gesten, die in abgewetzter Schlabberkleidung ihre Freizeit verbringen. Für Luigi ein Albtraum. Drum hat er mir anvertraut: Don't-eh takeh id de wrong-eh way. Fiinlandeh … iseh noteh foreh me.

14 Vierte Lektion: Süße Einsamkeit und Schweigen

Die Finnen suchen im Freizeitrevier des Puulasees Stille und Abgeschiedenheit. Um sie zu finden, fahren sie eine Strecke mit dem Boot. Verkehrstechnisch ist dies eine simple Übung, denn es gibt hier keinen nennenswerten Bootsverkehr, der – wie auf deutschen Gewässern – die Beachtung von Vorfahrtsregeln erfordern würde. Die wenigen Bootsfahrer sind hier, um zu fischen, Reusen zu prüfen, sich an der mächtigen Natur zu erbauen, einen Ausflug auf eine einsame Insel zu machen, mit der Familie oder auch mit dem Liebsten. Das Ziel ist also nicht Kontakt mit unbekannten Menschen. Also genau das Gegenteil eines Cafébesuchs auf dem Piazza di San Marco. Dort geht es um bella figura, sehen und gesehen werden und auch sehen, dass man gesehen wird. Komplizierte Interaktionen, bei denen man offiziell gar nichts macht. Das würde hier auf dem See bei den Finnen einen Schüttelfrost hervorrufen. Nicht dass die Finnen keinen caffe corretto mögen und nicht auch das Flanieren lieben, aber halt nicht in der Natur, und davon gibt es viel, mit viel Wasser.

Wenn es wirklich einmal dazu kommt, dass zwei Boote in Sichtnähe kommen, gibt es immer so viel Wasser, dass man problemlos Kurse mit großer Distanz von einander wählen kann, so großer Distanz, dass man auf keinen Fall den anderen erkennen kann. Erst wenn er oder sie so nah ist, dass man das Gesicht des Anderen wahrnehmen könnte, hebt man die Hand kurz und entschlossen für etwa zwei Sekunden mit gespreizten Fingern zum Gruß. Dabei bilden Unterarm und Oberarm einen rechten Winkel, der kleine Finger ist stärker abgespreizt. Auf keinen Fall würde man jetzt winken oder Blickkontakt aufnehmen. Einfach ein cooles Friedenszeichen. Peace. Das reicht.

An schönen Sommertagen kann es vorkommen, dass viele Paare oder Familien auf der Suche nach einer Ausflugsinsel sind. Hier gilt die gleiche soziale Dynamik. Den anderen nicht auf die Pelle rücken. Sieht man von weitem, dass eine Insel besetzt ist, dann ändert man vorsichtig den Kurs so, als hätte man gar nicht vorgehabt, diese Insel zu besuchen. Nach mitteleuropäischen Standards ist die betreffende Insel gähnend leer. Platz für Party, Grill, Musik und einem netten Plausch mit den anderen Besuchern. Das ist hier nicht das Ziel. Hält man tatsächlich Kurs auf eine kurzfristig bewohne Insel, so werden sich die Bewohner von ihrem Lager erheben und sich zur vollen Größe strecken, um den Eindringlingen klar zu machen »zu spät, schon bewohnt.« All das erfordert kein gesprochenes Wort und keinen Blickkontakt.

Eine recht kurze Fahrt bringt die Suchenden zur Insel, der Angelstelle oder einem anderen Ziel. Dort angekommen ist es herrlich still und einsam. Aber was sollen wir denn in Stille und Einsamkeit? Für viele Mitteleuropäer wäre das eine Strafe. Ich höre eine Bekannte, wie sie nach einem Bericht vom Puula sagt. »Ein Alptraum, zwei Wochen in der Pampa und kein Entkommen. Ein perfektes Rezept für eine Beziehungskrise.« Verschiedene Besucher aus Deutschland bekommen tatsächlich nach einer Woche einen Lagerkoller. Manche konsumierten heftig alles, was man machen kann: Sauna einschließlich Holzhacken und Schwimmen – drei Stunden, Fischen – zwei Stunden, Bootsfahrt – zwei Stunden, auf dem offenen Feuer kochen – eine Stunde, den 95-Meter-Felsen erklettern – zwei Stunden. Alles an einem Tag. Am nächsten Tag ist schon alles gemacht. Langweilig.

Andere Besucher kommen in Leenas und meine Wildnis, wahrscheinlich uns zuliebe, also aus dem falschen Motiv. Die Mücken überraschen sie, die Reaktionen ihrer Haut auf die Mückenstiche ärgern sie. Zugegeben, das Wetter ist günstig für Mücken und ungünstig für Besucher. Damit sind Aktivitäten im Freien weniger attraktiv, und der Raum im Inneren ist, wie üblich, sehr begrenzt. Drei Tage später fahren sie in einem Rutsch nach Spanien.

Was bringt denn überhaupt die Einsamkeit? Ist das nicht etwas Negatives? »Ich bin einsam.« Das klingt doch eher nach einem Hilferuf. Die Finnen haben zwei gegensätzliche Konzepte von Einsamkeit. Das negative Yksinäisyys, das dem Hilferuf entspricht und das eher positive Yksinolo (Alleinsein, solitude), das an Yoga und die wieder entdeckte Langsamkeit erinnert. Da liest man «rauhallinen yksinolo lataa akkujasi« (das ruhige Alleinsein lädt deine Batterien auf). Alleinsein gibt Raum und Distanz. Das geht besonders gut in der Natur.

Was ist da besser als eine Insel für dich selbst, umgeben von urtümlicher Natur. Alle Pflanzen, Steine, Sand, Viecher und was sonst noch da ist, sind dort in ihrer eignen Ordnung ohne menschliches Zutun. Wie absurd klingt da die Frage einer Besucherin an unserem Blockhaus, »Wer hat denn die schönen Steine mit dem Moos vor eurem Haus arrangiert?« Sie wundert sich darüber, wie man auf diesem unwegsamen Gelände schweres Gerät bewegen kann. Die Steine sind ja tonnenschwer. Das war die Eiszeit, Mann. Offenbar überträgt man gern die eigne Erfahrungswelt auf neue Umgebungen. Das geht uns wohl allen so. Europäische Laubwälder sehen im Winter für Australier ziemlich abgestorben aus. Kein Wunder, wenn Alleinsein für manchen Städter bedrohlich klingt. Hier am Puula ist es einfach die Grundmotivation für das Leben am Sommerhaus.

Stille und Abgeschiedenheit kann man hier auch in Gesellschaft erleben, etwa zu zweit, mit dem Partner oder Vertrauten. Dazu braucht man kein Gespräch und auch keine Berührung. Man kann zu zweit gemeinsam schweigen und dabei keinem Gedanken nachgehen, einfach nur auf dem warmen Fels sitzen und das Wasser anschauen. Die Wolken ziehen vorbei. Der Schrei einer Möwe weht herüber. Die Welt steht still, friedlich, unberührt, wie in Kindertagen, frei von allen Lasten.

Stille und Schweigen ist in diesem Land nicht peinlich, vorausgesetzt, man weiß, wovon man schweigt. Das Paar auf der Insel schweigt vor sich hin in stiller Einigkeit. Die Annahme ist, beide meinen damit, dass es hier schön ist, dass es schön ist, dass man hier ist und dass es schön ist, dass man mit dem anderen hier ist. Im Kopf sind keine konkreten Gedanken. Wenn man jetzt fragt »Woran denkst Du gerade?«, zerstört man nicht nur den Zauber des gemeinsamen Schweigens, man bekommt einen aufgeschreckten und verwunderten Blick zur Antwort. »An nichts.« »Ach, das geht doch gar nicht. Du musst doch an irgendwas denken.«, insistiert der Frager, der wahrscheinlich aus Deutschland kommt. Er erwartet jetzt entweder ein Liebesbekenntnis oder eine tiefgreifende philosophische Gedankenwindung. Anstrengend, diese Deutschen. Immer müssen sie etwas erfinden, auch wenn sie auf einer Insel sitzen.

Natürlich muss man sich erst einmal kennen lernen, bevor man zusammen schweigen kann. Man kann nicht gleich drauf los schweigen. Gemeinsames Schweigen ist ein Anzeichen für eine fortgeschrittene Beziehung. Es gibt verschiedene Situationen, in denen Schweigen seine eigene finnische Bedeutung hat. Nach einer netten Äußerung, nach einer unbequemen Frage, nach einer längeren Ausführung. Für den deutschen Gesprächspartner wären dies negative Aussagen. Nicht so hier. »Schöne Musik.« Schweigen. Das heißt »Ja, schöne Musik«. Es ist nicht nötig, zu wiederholen, was eben gesagt wurde. Lass uns lieber die Musik genießen. Das ist viel ökonomischer. Man muss es nur wissen.

Na gut, dann sitze ich halt schweigend mit einer attraktiven Partnerin ohne Berührung auf einer einsamen Insel und finde es gut. Soweit hab' ich's. Und was mache ich dann bei einem Gewitter? »Auf keinen Fall auf den See«, sagen alle, die ich frage. Tatsächlich gibt es in warmen Sommern immer wieder Gewitter. Gerade wenn die Seele baumelt, kommt so ein Unwetter überraschend schnell. Klar, bei Gewitter wirkt die einsame Insel viel weniger friedlich. Blitz und heftiger Regen und extrem starke Böen sind ein guter Grund, an Land zu bleiben. Manche Inseln bieten für diesen Fall eine Schutzhütte.

Aber was machen ohne Hütte? Offenbar gibt es da überraschende Lösungen. Henkka, der Nachbarsjunge und Jan, unser Sohn, beide im besten Pubertätsalter, waren mit einem klapprigen Ruderboot auf Entdeckungstour. Wir hatten Vertrauen in ihre Navigationsgabe und darauf, dass sie zurück finden würden. Als aber plötzlich ein Gewittersturm aufkam und sie nicht zurückkehrten, machten wir uns doch Gedanken. Schnell zurück zum Blockhaus, sagte unser Instinkt, und wir hätten sie am liebsten an einem Traktionsstrahl zurück gezogen, dieser unsichtbaren Bindung zwischen Eltern und Kind, die in diesem Lebensabschnitt so bitter auf die Probe gestellt wird. Leider waren sie aber außer Sicht irgendwo im Seenlabyrinth.

Ich wusste, dass sie nach Norden gerudert waren. In meiner Not lief ich nun im Wald in Richtung Norden, möglichst am Ufer entlang, in der Hoffnung, sie auf dem See zu orten – und dann? So weit war mein Plan noch nicht. Dazu war noch keine Zeit. Laufen im Wald ist eigentlich auch übertrieben. Laufen würde ja bedeuten, dass man auf einer Fläche einen Fuß vor den anderen setzt und sich so fortbewegt. Davon kann aber in diesem Gelände keine Rede sein. Die letzte Eiszeit hat ja die Gegend gründlich umgestaltet, die oberen Bodenschichten weggeräumt – bis auf den Granit, hat den sie in schöne Formen poliert und dabei jede Menge Geröll und kleinere Mengen Sand in unvorhersehbare Arrangements gebracht hat. Darüber Moose, Flechten, Heidelbeer- und Preiselbeersträucher und ein schier undurchdringliches Dickicht von Büschen und Sprösslingen, alle mit ihren Wurzeln im losen Geröll auf der Suche nach Wasser und Nährstoffen.

In diesem Gelände ist der Vierbeiner eindeutig im Vorteil. Der Grund ist nicht fest; das Geröll verschiebt sich, es lagert in Haufen, oft hügelartigen Haufen, die man überwinden muss, und das bei nassem, rutschigen Untergrund, ohne Halt. Da wird man leicht auf die vierbeinige Fortbewegung zurückgeworfen.

Ich erreichte das nördliche Ufer. Blitze gingen nieder, und mir wurde plötzlich bewusst, dass auch der Retter von ihnen getroffen werden kann. Zur Entschädigung konnte ich von hier den Bereich des Sees überblicken, auf dem ich die Jungs vermutete. Fehlanzeige. Wie zum Trotz schienen die Blitze umso heftiger einzuschlagen. Ich trat den Rückzug an, durchnässt, verschmiert und sorgenvoll.

Bei meiner Rückkehr traf ich eine ebenso besorgte, aber weniger durchnässte Mutter an, und der Himmel klarte auf. Kaum war Stille auf dem See eingetreten, die Sonne schien und die Möwen gingen ihrem täglichen Geschäft nach, da war vom Bootssteg aus in der Ferne ein Ruderboot zu sehen. »Schnell das Fernglas!« Als hätte ein schneller Blick durch das Fernglas einen Einfluss auf den Zustand der Abenteurer. Doch der Blick machte klar, sie hatten den Sturm überlebt. Die Spannung ließ schlagartig nach, und das Wiedersehen der Überlebenden wurde nun von den gemächlichen Ruderschlägen zäh verlangsamt. Jetzt kommt schon und erzählt!

Am Bootssteg legte ein fröhliches Paar junger Entdecker an, als kämen sie von einer völlig normalen Angeltour zurück, Kleidung und Haar trocken, nur halt ohne Fische.

»Mann, haben wir 'nen Hunger.«

»Wo wart Ihr denn?«

»Na, aufm See.«

»Aber es gab doch ein Gewitter, der Blitz hätte euch erschlagen können.

»Ach so, das Gewitter. Da sind wir eben auf 'ne Insel und ham das Boot rum gedreht. War cool drunter. Was gibt's denn zu essen?«

Wie, das war's? Und ich mach' mir Sorgen, setzte mein Leben auf's Spiel, um euch zu retten?

»Du bis' ja ganz nass und verdreckt, Papa. Wo wars' Du denn?

Schwierig, aus der Nummer heraus zu kommen.«

»Aach, nur im Wald.«

»Wie? Beim Gewitter?«

Wir wollten das Thema nicht vertiefen und machten schnell etwas zu Essen. Gut, dass man auf Deutsch auch gezielt schweigen kann.

15 Ein Tabu, ein Konflikt und eine kulturelle Ikone

Es gibt da noch eine Sache am Sommerhaus, an die der gelegentliche Besucher nicht gleich denkt: die Reinlichkeit in der Urlandschaft. Nein, lassen Sie mich deutlicher werden: Im Wald gibt es keine Kanalisation oder Wasserleitung – genau gesagt geht es um den geistigen Motor der zivilisierten Reinlichkeit, um das Fäkaltabu. Keine Sorge. Ich verspreche, dass wir uns dem Thema aus einem rein ökologischen und politischen Blickwinkel nähern, und ich nehme auch gleich die Lösung des Fäkalproblems vorweg: die genialen Finnen haben das Bioklo erfunden, das die Umwelt des Sommerhauses in einem relativ unverschmutzten Zustand belassen hat und zwar ohne Tabu.

Das Ganze passt haargenau ins Gesamtbild: Die Finnen sind bekannt dafür, dass sie innerhalb von zwei Generationen den Übergang von der Agrargesellschaft zum Hochtechnologiestandort zustande gebracht haben. Mobiltelefone, Mikromechanik, Schiffsbau, Spezialmaschinen, Aufzüge und das alles buchstäblich im Wald. Wo sonst hätte man das Bioklo erfinden sollen?

Und die Zeit hat einfach nicht gereicht, um die finnische Urlandschaft zur Parklandschaft umzugestalten, etwa wie im Münsterland oder in England, wo die Pflanzen so schön geordnet sind. Abgesehen von der Zeit sind die 5 Millionen Einwohner auch viel zu dünn verteilt für diesen zivilisatorischen Eingriff. Es ist daher nicht verwunderlich, dass der Wald hier nicht nur in Gedichten, sondern auch im Alltag Kultstatus hat. Die Großeltern sind Helden, die im eisigen Winter den strategischen Vorteil der Ortskenntnisse genutzt haben, um Suomi gegen den übermächtigen Feind zu verteidigen. Der Wald ist ein mystischer Zufluchtsort, der die Enkel der Helden mit ihrer langen Vergangenheit verknüpft. Hier leben Waldmenschen in Teilzeit. Mit dem anderen Teil ihrer Identität treiben sie die Technologie der Menschheit voran. Ihr Blockhaus steht in völliger Einsamkeit im Wald am Seeufer, die Stromleitung kaum sichtbar, gleichzeitig Datenleitung und allzeit bereit, die Heizung per Mobiltelefon oder Internet anzusteuern, um am Wochenende einen wohltemperierten Zeitsprung in die Vergangenheit zu machen – nicht ohne vorher die Sauna per Fernsteuerung einzuschalten.

Man könnte also durchaus argumentieren, dass der tabulose Umgang mit dem Abfallproblem ein saubereres Ergebnis hervor bringt als die massive Wasserspülung der alten Industriegesellschaften. Aber sagen Sie das mal einem vierzehnjährigen Sohn. Der hatte eines Tages oder genauer eines Jahres plötzlich andere Vorstellungen von Reinlichkeit. Die Sauna? Okay, ist ja auch irgendwie sportlich. Aber diese Biosache, die ist doch irgendwie abartig.

» Das Geschäft macht man auf dem WC, Papa.

WC – wie in WASSERklosett.«

Jan bestand darauf, dass man Wasser zur Reinlichkeit brauche – schon, um den Schmutz wegzutransportieren, möglichst weit weg. Da standen wir nun mit unseren überlegenen ökologischen Argumenten und einem Stück Gutmenschentum, und unser eigener Sohn fand es nur widerlich. War er indoktriniert von den Stadtmenschen oder war es seine altersgemäß aufkeimende Selbstbestimmung – oder beides? Nun galt es, zwischen zwei ethischen Werten abzuwägen: ökologisch vertretbare Abfallentsorgung oder menschliche Selbstbestimmung. Keine leichte Wahl. Da kam die Realität zur Hilfe, denn es stand für das dringende Geschäft faktisch nur das Bioklo zur Verfügung. Das engte die Wahl deutlich ein. Wir hätten den lieben Jan die fünf Kilometer ins Dorf chauffieren können, hielten das aber nicht für pädagogisch sinnvoll.

Unser Nachwuchs verschwand auf dem Waldweg und kam erst nach einigen Stunden zurück – ärmer an Ballast und reicher an Erfahrungen. Er war auf der Landstraße zu Fuß ins Dorf gelaufen. Da er seiner Großmutter die Niederlage gegenüber dem Bioklo nicht eingestehen wollte, ging er in die berüchtigte Dorfkneipe. Genauer gesagt suchte er die dortigen sanitären Anlagen auf. Nachdem er sein Anliegen erledigt hatte, ging er zu den Waschbecken, um sich gründlich die Hände mit Seife zu waschen.

Im Waschraum traf er auf einen finnischen Hünen, der sich ebenfalls erleichtert hatte – wenig erstaunlich nach dem großzügigen Konsum spiritueller Getränke. Zwar hatte sich der Hüne nun des Ballastes der Getränke entledigt. Diese hatten aber schon Besitz von seinem Geist ergriffen. Nur so ist zu erklären, dass er den Heranwachsenden fragte:

»Na, hast Du denn schon ein Puukko?«

Damit sind wir thematisch bei der angekündigten kulturellen Ikone angelangt, dem finnischen Waldmesser. Die Klinge aus Stahl, der Griff aus Holz oder Rentiergeweih. Das Auftreten dieser Art von Messern datieren die Historiker um 3000 vor der Zeitrechnung. Das erklärt noch nicht das Besondere der finnischen Variante. Wahrscheinlich müssen die Kulturwissenschaftler noch viele Anträge auf Forschungsmittel stellen, bis der Kultstatus des Puukko genau ergründet ist. Dem einfachen Beobachter fällt jedenfalls auf, wie viele erstaunliche Mythen um diese Handwaffe ranken, allen voran die Behauptung russischer Weltkriegssoldaten, dass die Finnen das Gerät verwenden, um den gefangenen Gegnern die Zunge aus dem Schlund zu schneiden. Wahrscheinlich ist dies sowjetische Propaganda, die aber dennoch eindrucksvolle Bilder im Kopf des Zuhörers erzeugt.

Tatsächlich hatte Jan von seinem Großvater ein schönes Schweizer Messer geschenkt bekommen, das er in der Hosentasche trug. Man kann ja nie wissen. Etwas verunsichert und ohne Kenntnis der besonderen Stellung des Puukko führte er das Klappmesser dem Hünen vor.

»Ah, das nennst Du ein Messer?«, fragte der Riese.

»Hier! DAS ist ein Messer!«

Mit diesen Worten zog er blitzschnell ein riesiges Messer mit fester Klinge hervor, ganz im Stil von Crocodile Dundee bei seinem Besuch in New York – den Blick fest auf einen unsichtbaren Gegner gerichtet. Stahl blitzte im Schein der Toilettenlampe. Mit Angst geweiteten Pupillen verfolgte Jan die Bahn der wirbelnden Klinge zwischen den Waschbecken. Der Blick des Hünen weidete sich an der offensichtlichen Macht seiner Waffe.

Jan konnte nur noch zwei Gedanken fassen, nämlich ein instinktives »Ich muss hier raus« und die panische Überlegung, welchen Ausdruck der Bewunderung er auf Finnisch kennt, der ihm einen schnellen Abgang ermöglicht, ohne den verklärten Hünen zu erzürnen.

Er muss die richtigen Worte gefunden haben, denn unser Sohn stand ja unversehrt vor uns – ohne Stich- oder Schnittverletzungen und mit einer neuen Erfahrung. Seit diesem Tag gab es keine weiteren Diskussionen über die Ästhetik des Bioklos, und das Toilettentrauma verwandelte sich in eine Legende zum Thema »Was meine verbohrten Eltern mir zugemutet haben«. Seitdem macht die Legende von den Urlaubsqualen des jungen Jan im Münsterland ihre Runde und wird gerne eingesetzt, um auf jugendlichen Gesichtern Entsetzen hervorzurufen.

16 Ein höchst merkwürdiger Sommer

Wenn man einmal von kleinen Überraschungen wie einer gelegentlichen Kenterung oder unverhofften Begegnungen absieht, ist der Sommer in Finnland stets idyllisch und entspannend. So soll es auch sein, denn ein finnisches Sommerhaus dient im Grunde nur einer Bestimmung: Jahr für Jahr die bekannte Sommeridylle zu erzeugen. Laue Lüfte, reine Natur, die jahreszeitliche Leichtigkeit des Seins, eine unbestimmte Erinnerung an die Herkunft der Waldmenschen, allerdings ohne die Mühen vergangener Zeiten. Der Tag plätschert sanft dahin. Perfekte Selbstbestimmung.

Aber dieser Sommer war anders. Es gelang ihm immer wieder, die Idylle ungemütlich, fast bedrohlich zu verfremden. Es fing schon damit an, dass wir kurz nach unserer Ankunft ungewöhnliche Dinge bemerkten. Nach der langen Anreise führt der erste Weg hinunter zur Sauna, die gleich am Ufer steht:

»Sag mal, wir hatten doch den Schuppen für die Sauna im Herbst mit Brennholz gut aufgefüllt.«

»Klar. Ja, was ist DAS denn? Ziemlich geplündert.«

»Das ist ja noch nie passiert. Ein Holzdieb mitten im Wald? Das wäre ja sehr seltsam.«

Die Verwunderung stand uns ins Gesicht geschrieben. Holzdiebstahl an dieser Stelle ist ungefähr so ungewöhnlich wie Sanddiebstahl in der Sahara. Der Wald ist voll von Brennmaterial. Zur Sauna führt nur ein Trampelpfad. Der Waldweg zum oberen Gebäude ist eine Sackgasse, die weder auf Karten verzeichnet ist noch bei GoogleEarth. »Weg« ist eigentlich eine grobe Übertreibung für die Radspur, die sich viel eher dem Wald zugehörig fühlt als dem gemeinen Straßenverkehr. Sie verspottet den städtischen Eindringling mit plötzlich hoch kommenden Gesteinsbrocken auf der Anhöhe und mit Morast in den Senken – natürliche Elemente, die bestenfalls durch ein Geländefahrzeug für die kurzen Sommermonate überwunden werden. Ansonsten sind hier Walderdbeeren, Grase und Sprösslinge aller Bäume zu Hause. Wer würde allen Ernstes hierher kommen, um ein paar Schubkarren Brennholz zu stehlen?

Es war nicht der Verlust der gespaltenen Scheite, der uns nachdenklich stimmte, sondern die Spur eines Eindringlings. Es war noch nie vorgekommen, dass sich jemand die Mühe gemacht hatte, hierher zu kommen. Der besondere Reiz des Sommerhauses besteht in der Unberührtheit der Umgebung mit ihrer unschuldigen Einsamkeit. Bewohnern der Großstadt erscheint die Einsamkeit eher unheimlich. Im Auge des finnischen Betrachters ermöglicht sie völlig unbefangene Bewegungen, Sprechen ohne Vorbehalt und eine natürliche Nacktheit in Sauna und See. Jetzt hatte sich ein unbekannter Beobachter eingeschlichen, und mehr als einmal drehten wir uns unbewusst nach ihm herum. Die Unbefangenheit war erst einmal dahin.

Wir packten aus und räumten ein. Der Schweiß rann. Jetzt ein kühles Bier. Wir mussten uns mit lauwarmem Wasser begnügen, bis der Kühlschrank in Fahrt kam. Wir atmeten tief durch. Die Lungen erwarteten die unnachahmliche Frische der Waldluft.

»Sag mal, schmeckst Du das?«

Leena wusste gleich, dass ich nicht vom Wasser sprach. In meiner Stimme lag mehr Missbilligung.

»Stechend, metallisch. Seltsame Luft.«

Auf der Terrasse wurde uns die nächste Veränderung bewusst. Wir konnten das gegenüber liegende Ufer nicht sehen. Bei der Ankunft hatte mein Unterbewusstsein dies als Frühnebel eingeordnet. Dafür war es aber viel zu warm, ja heiß.

Nächster Schritt: Wasser holen. Man nehme zwei 10-Liter-Eimer, gehe die fünfzig Meter vom oberen Gebäude über den Trampelpfad hinunter zum Bootssteg und laufe dieselbe Strecke mit zwanzig Litern Wasser zurück den Hügel hinauf. »Besser als ein Fitnessstudio«, dachte ich immer. »Frische Luft, natürliche Bewegung.« Heute traf das nicht ganz zu. Als der Wasservorrat für den Tag – eben diese zwei Eimer – endlich die zwanzig Höhenmeter überwunden hatte, war ich schweißgebadet. Dabei war meine Kleidung bereits auf die Wandersandalen, Shorts und T-Shirt geschrumpft. Die Luft schmeckte immer noch metallisch. Leena setzte wieder dieses bemühte, leicht sorgenvolle Lächeln auf, das eher zur slawischen Seele passt als zur westfälischen Direktheit.

»Ganz schön heiß, was?«

»Ja, genau.«

Mein Atemorgan entließ wie zur Unterstreichung der schweren Traglast ein langes Zischen, als ich die Wassereimer auf dem Küchenboden abstellte.

»Lass uns heute mal das Papiergeschirr benutzen. Dann sparen wir Wasser für den Abwasch.«

Die Gute hatte etwas Wasser in das Gefrierfach gestellt, das der Körper schneller aufsaugte als der überforderte Kühlschrank es kühlen konnte. Der erste Becher hatte sich blitzschnell vom Magen auf die Haut verteilt und durchnässte nun das T-Shirt. Ein Film überzog nun den Körper, den ich bisher nur von den Tropen kannte. Das T-Shirt war das letzte Kleidungsstück, auf das ich als zivilisierter Mensch verzichten konnte. Ich sank auf die Holzbank, von der aus man normalerweise durch die Stämme der 30 Meter hohen Bäume hindurch einen weiten Blick über den See hat.

Gierig nahm der Körper die nächste Dosis Wasser auf. Er dampfte geradezu. »Geruchssignale an die Mücken!« Alte Erfahrungen kamen ins Bewusstsein.

»Seltsam. Keine Mücken.«
Leena hatte es zur gleichen Zeit bemerkt.

»Ist ihnen wohl zu heiß.«

Heute gab es nur Salate und Obst, und wir schafften nicht mehr als auf der Terrasse auszuharren wie träge Käfer, die einen Schlag mit der Patsche bekommen hatten.

Als hätte es noch nicht genug ungewöhnliche Ereignisse gegeben, hörte man plötzlich, wie auf dem Waldweg Äste unter den Füßen eines Menschen knackten. Wir schauten uns an und dachten beide an den Holzdieb. Ich gebe zu, instinktiv schaute ich mich nach der Axt um. Der Eindringling war noch vom Grün der Bäume verdeckt, als er fast schleppend die kleine Anhöhe hinab näher kam. Das Sommerhaus steht auf der nächsten Anhöhe und so blickten wir dem Ankömmling gewissermaßen aufs Haupt, und er würde zu uns hinaufblicken müssen. Vielleicht siegte aus diesem Grund die Vernunft in mir über den Axtinstinkt. Ein ziemlich behaarter, kräftiger Mann in Schlabberhose und T-Shirt blickte zu uns auf. Er war unbewaffnet.

Es war Korhonen, unser Nachbar. Dies war ein wirklich ungewöhnliches Ereignis. Er hatte uns noch nie besucht, auch nicht Leenas Eltern, die ohnehin Distanz zu ihm hielten, nicht weil er Kraftfahrer war. Diese Berufsgruppe kann in Finnland problemlos mit einer Akademikerin verheiratet oder verpartnert sein. Tatsächlich war seine Frau in einem medizinischen Beruf tätig. Nein, es war seine Alkoholkrankheit, die meine Schwiegermutter unbesorgt und in alter Tradition als Charakterschwäche auslegte.

Korhonen legte ein breites Grinsen auf und sprudelte Worte heraus, die viele Spezialkenntnisse erforderten. Ich war froh, dass Leena über einige dieser Kenntnisse verfügte. Dazu gehörten nicht die regelmäßig eingestreuten Verfluchungen, die man ohnehin leicht an den genüsslich lang gestreckten »RRRs« erkennen konnte. Für den Verlauf des Gesprächs war der Inhalt der langen RRR-Wörter glücklicherweise unbedeutend. Es war aber ein mächtiges Stilmittel, das der Rede Farbe verlieh, allerdings ohne dass Sachfremde die Farbe genau erkennen könnten. Außerdem sprach Korhonen in unverfälschtem Savo, dem lokalen Dialekt. Dazu verfügte er als Kraftfahrer über einen Spezialwortschatz, der sich dem Laien nicht sofort erschloss.

»No, ter-ve!«

(Ach, hallò!)

Leena und ich begrüßten ihn fast zeitgleich. Es war ihm überhaupt nicht peinlich, zum ersten Mal und so plötzlich hier einzudringen. Er war bei der Hitze den Kilometer über unseren Waldweg gelaufen, der an seinem Sommerhaus die Gemeinschaftsstraße verlängerte.

Es wurden sehr viele Worte ausgetauscht, nein von ihm gesendet. Ich musste aufpassen, auch nur das Thema zu verstehen, obwohl er nicht betrunken war. Die Hitze, natürlich. Die Mücken hatten die Hitze nicht überlebt. Haha. Unser Kommen und Gehen. Die Straße der Waldbewohnergemeinschaft, die Müllsammelstelle, Versammlungen. Ein ausführlicher Bericht über sein großes Hobby: Holz machen. Es liegt ja überall herum. Schneebruch. Hält irre fit. Alles Handarbeit. Er hat schon genug für zehn Jahre.

Ich konnte in Leenas Gesicht lesen, dass auch sie an den Holzkau dachte und nichts sagte, ihn aber auch nicht verdächtigte. Negative Nachrichten trägt man nur sehr vorsichtig weiter. Das alles geschah im Stehen auf der Terrasse. Angebote von Getränken und andere Zeichen von Gastfreundschaft ignorierte Korhonen oder übertünchte sie mit seinem Redefluss. Nach einer Stunde fragte ich mich, ob er ein konkretes Anliegen hatte.

Korhonen war es nicht gewohnt, seine Sprachproduktion auf die beschränkten Fähigkeiten eines Ausländers einzustellen. Irgendwann wandte er sich aber deutlich mir zu. Thema: mein Holzboot. Voll des Lobes. Wie ein Saaristolaisvene. Auch er hatte es bemerkt. Fast nebensächlich erkundigte er sich:

»Was ist denn mit dem alten Glasfaserboot?«

Bingo! Das war's.

»Ach, das leckt und ist schon halb verrottet.«

»Dann habt ihr es schon auf den Müll gebracht …?«

» Das wird schwierig. Es würde ja schon auf dem Weg untergehen.«

»Hm, macht euch keine Gedanken. Ich kann euch die Sorge abnehmen.«

Das klang verlockend. Immerhin hatten wir schon einen Friedhof von Holzbooten. Die Entsorgung des GFK-Schrotts wäre eine große Hilfe. Mit diesen Worten steuerten wir auf das Gelände in Ufernähe zu. Wir hatten kaum bemerkt, dass Korhonen während des gesamten Gesprächs regelmäßig an einer Zigarette zog. Plötzlich wurde mir klar, dass es so lange Zigaretten nicht gibt. Er steckte eine Zigarette mit der nächsten an und trat den Stummel mit einer automatisierten Bewegung aus. Der Tabak glimmte auch in Ufernähe zwischen seinen Nikotinfingern.

Es folgte eine Besichtigung des Bootsfriedhofs und seines neuesten Bewohners, des GFK-Boots. Korhonen strahlte, als er nur kleine Löcher im GFK entdeckte. Wie zufällig hatte er Kaugummi in der Tasche, mit dem er die Löcher provisorisch stopfte. Im Nu war das leichte Boot im Wasser. Korhonen ruderte es das Ufer entlang zu seinem eigenen Bootssteg, und es wurde still.

»Das hat er sich vorher genau überlegt«, befand Leena.

»Wir sind den Schrott jedenfalls los.«

Damit verschwand Korhonen am Horizont, und wir nahmen ein Bad im lauwarmen See. Handtücher waren völlig überflüssig, da das Trocknen der Haut durch Verdunsten die einzige Möglichkeit einer kleinen Abkühlung bot.

All die kleinen Absonderlichkeiten nährten unseren Durst nach Nachrichten, und so schlossen wir umständlich den zwanzigjährigen Miniatur-Röhrenfernseher an allerlei Gerätschaft an, einschließlich eines Digitalempfängers für 28 Euro und einer Richtantenne vom örtlichen Bauhof, bis die steife Nachrichtensendung zu sehen war. Da gab es Bilder von unermesslich großen Wäldern, aufgenommen aus dem Flugzeug. Feuerfronten walzten durch die Wälder und hüllten alles in Rauch – bei strahlendem Sonnenschein außerhalb der Rauchzone. Schnitt. Teile von Moskau wurden evakuiert ebenso wie viele andere Ortschaften Russlands, auch gleich hinter der finnischen Grenze. Die ungewöhnliche Trockenheit in Verbindung mit der ebenso ungewöhnlichen Hitze hatte in Russland zwanzig oder mehr riesige Waldbrände entfacht. Flächen größer als mittlere Bundesländer wurden von den Flammen in schwarze Wüsten verwandelt. Die russische Feuerwehr war völlig hilflos.

Die finnische Staatsregierung bot dem großen Bruder im Osten ihre Hilfe an. Zwar waren auch in Finnland Löschflugzeuge und andere Spezialeinheiten im Dauereinsatz, aber der Rauch der Großbrände in Russland hatte sich über hunderte von Kilometern hinweg auf weite Landstriche Finnlands gelegt und bereitete Asthmapatienten und vielen anderen Menschen Schwierigkeiten. Dabei hatten die Finnen selbst ihre eigenen ausgedehnten Waldgebiete perfekt unter Kontrolle. Die Gebiete wurden systematisch beobachtet und jeder Brand in kürzester Zeit gelöscht. Die Strategie der finnischen Brandbekämpfer wurde eindrucksvoll in Bilder umgesetzt. Da nahmen Löschflugzeuge in den Seen Wasser auf, und brachten es gezielt zum Einsatz. »Bodentruppen« drangen mit Schnellbooten zu strategischen Stellen vor. Kein Sommerhaus, immerhin allesamt in höchster Gefahrenzone, brannte ab. Vorsichtsmaßnahmen wurden besprochen. Alles lief nach preußischem Muster ab. Allerdings nahmen die Russen das Hilfsangebot nicht an. Der Effekt: eine Dauerberäucherung bei glühender Hitze.

Das Bild in der Röhre war noch nicht ganz zu einem Punkt geschrumpft, als das Gefühl einer drohenden Gefahr in uns aufstieg. Leena sprang auf.

»Mein Gott, der Korhonen und seine Zigarettenkippen!«

Wir stürzten ins Freie, um die Lage zu untersuchen.

»Er hat sie mit dem Fuß ausgedrückt.«

»Der Boden ist korktrocken. Das kann ja noch weiter glimmen …«

Der Rest der Befürchtungen blieb unausgesprochen. Wir rekonstruierten unseren Weg von der Terrasse hinunter zum Bootssteg und suchten gewissenhaft jeden Millimeter ab. Keine der gefühlten tausend Kippen zeigte sich. Nicht eine. Der Boden selbst war wie gepresster, trockener Tabak, eine ideale Tarnung für eine mit zehn Fußdrehungen ausgedrückte Kippe. Der Geruchssinn half auch nicht weiter. Alles roch leicht angekokelt, und unsere Nasen konnten russisches Feuer nicht von finnischem unterscheiden. Wenn die glimmenden Kippen in der Nacht Feuer fangen? Wie kommen wir dann weg? Es blieb uns nichts anderes übrig als die potenziellen Kippenstellen präventiv zu löschen – mit dem Eimer. So entwickelte sich ein reger Pendelverkehr zwischen dem Steg, an dem wir Wasser schöpften, und den jeweiligen Verdachtsstellen – bis zur Terrasse hinauf. Praktisch wurde der Trampelpfad in seiner gesamten Länge einer Präventivlöschung unterzogen, alles per Eimer. Die Erde saugte das Nass gierig auf, schien aber nicht zu beabsichtigen, ihren Tabakcharakter in diesem Sommer aufzugeben.

Mit letzter Kraft machten wir das Traditionsboot klar und bestückten es mit Überlebensmitteln für den Fall einer plötzlichen Flucht in der Nacht. Nasse

Wolldecken sollten uns auf dem Weg zum Boot vor der Glut schützen. Auf dem Wasser wären wir sicher. Das Boot vertäut legte ich noch einen Rauchmelder auf die Terrasse des Sommerhauses, bevor sanfter Schlaf in der gefilterten Luft des Blockhauses zwei besorgte Sommerfrischler einholte.

In der Nacht brannte ganz Moskau. Die finnische Staatspräsidentin rief bei Putin an. »Hör zu, Vladimir. Das geht so nicht weiter. Ich komme jetzt rüber und mache endlich das Feuer aus. Hier stinkt es so erbärmlich, dass wir die Kinder nicht mehr zur Schule schicken können. So werden wir unsere Lernziele nie erreichen.« Sie wartete nicht auf seine Antwort, stieg in ein gigantisches Löschflugzeug mit tapferen finnischen Frauen und Männern und viel finnischem Wasser und löschte die verdammten Brände.

Die Morgensonne holte mich langsam aus einem tiefen Schlaf. Ich rieb mir die Augen. Erstens, das gegenüberliegende Ufer war wieder da. Zweitens, kein Brandgeruch. Drittens, das Rettungsboot wippte fröhlich am Steg. Der Wind hatte sich gedreht. Wie sich die Dinge schnell wenden können! Dieser Gedanke war noch frisch, als Leenas Cousin anrief und sich danach erkundigte, ob wir schon ausgeräuchert sind. Ach so, und er war zu Johannis am Sommerhaus und hatte etwas Brennholz verbraucht. »Alles in Ordnung.« – Und Ende von Alarmstufe »rot«.

Mir klingelten die Ohren. Ich setzte mich in das hergerichtete Rettungsboot und schloss die Augen. Ein leichter Wind strich über die Haut. Entspann Dich! Die frühe Morgensonne hatte nichts von der Glut der Nacht. Ich blickte auf die Überlebensmittel. In Gedanken spielte ich den gestrigen Film noch einmal ab und entdeckte den Eindringling in einer Ecke meiner eigenen Welt im Kopf. Ich ließ ihn gehen. Es war Zeit, der Sommeridylle eine Chance zu geben.

17 Die gefährlichste Marmelade der Welt

Zur perfekten Sommerhausidylle gehört seit jeher das Stromern im Wald. Für finnische Sommerhäusler gibt es nichts Schöneres, als im Spätsommer das Dickicht des Waldes zu durchkämmen, ausgestattet mit einem Messer und Behältern für die Beute. Rein vegetarisch, versteht sich. Wir reden von satten Blaubeeren, spätreifen Himbeeren und vielleicht einigen Wacholderbeeren für den Rentierbraten. Die ausgespülten Milchkartons an den Gürtel geheftet und das Puukko für drei Euro im Plastikhalfter bewegen sie sich fast vierfüßig zwischen Büschen und Geröll in Gedanken an die guten alten Tragetaschen aus Birkenrinde und die Entdeckung des Eisens.

Das Puukko haben sie immer dabei. Man weiß nie, wozu es gut sein kann. Nein, kein Langdolch als Bärentöter, wie der Hüne ihn unserem Jan vorgeführt hatte, sondern eine feste Universalklinge, die einen verfrühten Steinpilz ebenso gut schneidet wie Birkenruten für die Sauna. Trotzdem ist den Sommerhäuslern der Gedanke an Braunbären gegenwärtig. Mit Recht. Unser Sommerhaus zum Beispiel ist Teil des zwanzig Quadratkilometer großen Reviers eines Braunbären, dem man allerdings sehr selten begegnet. Gedanklich präsent ist er aber immer – Ursus Arctos, eine viertel Tonne Lebendgewicht, mit sieben Sekunden auf 100 Metern schneller als Usain Bolt und dank Universalklauen schneller auf einer Kiefer als ein gut trainierter Elektriker auf einem Telegrafenmast.

Der Schatz der Dorfsagen ist reich an Vorkommnissen mit Ursus Arctos und an guten Ratschlägen, wie mit ihm umzugehen ist. Die Ratschläge kamen zu spät für den Jogger, der nichtsahnend zwischen die Bärin und ihr Junges geriet. Langsamere Waldbesucher haben da bessere Chancen. So etwa Leas Bekannte, die im Wald Beeren sammelte, als sie plötzlich aufschaute und Ursus ins Gesicht blickte. Lea genießt es besonders, das Ende der Geschichte zu erzählen:

»Elma war ganz vertieft ins Beerensammeln und hatte schon einen Eimer voll Blaubeeren, als sie merkte, dass jemand sie anschaute. Sie blickte auf und merkte, dass ein Bär direkt vor ihr stand. Sie war erschrocken und dachte trotzdem, es ist ja die beste Blaubeerstelle. Der Bär war auch überrascht. Da nahm Elma die Schürze hoch und sagte wie die Bäuerin in der Kinderversion des Kalevala-Lieds: ›Husch husch, in den Wald mit den Schweinen.‹ Der Bär wusste nicht wie ihm geschah, drehte sich um und verschwand. Erst dann stand Elma auf, und es wurde ihr ganz anders. Sie ließ den schönen Zehnlitereimer mit Blaubeeren stehen, lief nach Hause und drehte den Schlüssel zweimal herum.«

Dann legte Lea eine lange Sprechpause ein, führte die Aktion mit der Schürze vor und wiederholte genüsslich den Spruch mit den Schweinen zur eigenen Belustigung. Eine finnische Heldin – und dazu noch eine alte.

Leena und mir macht Ursus seine Aufwartung völlig unerwartet im Spätsommer, als wir in der Dämmerung über den Waldweg zum Sommerhaus fahren. Eine leichte Anhöhe und wenige Meter vor uns eilt ein meterhohes Ungetüm über den unbefestigten Weg, die Hinterläufe etwas ungelenk, leise aber gewaltig. Auf dem Rücken stakt das Fell und schwankt mit der Bewegung einer biegsamen Metallmähne. Dann verschluckt ihn das Dickicht. Ich trete auf die Bremse, starr vor Schreck.

»Hast Du das gesehen?«

»Ja, gewaltig.«

»Was war das? Ein Bär?«

»Ja, riesig.«

Wir berichteten den einzigen dauerhaften Bewohnern des Waldes von unserer Begegnung. Sie waren natürlich noch finnischer als Leena und ihre Familie. Unsere Geschichte machte die Runde und wurde als ein Ammenmärchen der deutschen Sommerhäusler abgetan, wurde aber gerne erzählt. Vielleicht war ja doch was dran. Sommerfrische unter den Raubtieren. Das passt ja gut zum finnischen Selbstbild.

An dieser Rollenverteilung änderte sich zwei Jahre nichts. Leena kam gut klar damit, doch nicht die echte Waldexpertin zu sein. Ich wusste, was ich gesehen hatte, und könnte das Bild noch heute ausdrucken, wenn ich dafür die passende Schnittstelle am Kopf hätte, wollte aber niemandem meine Interpretation aufdrängen – bis all das überholt war.

Markku, der Mann im Haus der einzigen dauerhaften Waldbewohner, hatte eine Begegnung beim Beerensammeln. Sehr ähnlich wie Elma, nur hatte er keine Schürze und große Angst. Er wusste aber aus Zeitungsartikeln, wie man sich bei dieser Begegnung verhalten soll: langsam und unauffällig von der Preiselbeerstelle entfernen, und zwar rückwärts, um nicht den Jagdtrieb des Raubtieres auszulösen.

Markku wusste, er war in Lebensgefahr. 250 Kilo gegen 75 Kilo, Universalklauen und Raubtiergebiss gegen ein Puukko für drei Euro von der Tankstelle. Keine Chance. So ging er vorsichtig rückwärts durch das Dickicht und hinterließ dem Herrn Ursus Arctos seinen Eimer mit Preiselbeeren. Seit dieser Begegnung mit den Naturgewalten werden wir regelmäßig vor den Gefahren der Wildnis gewarnt. Inzwischen sind wir geschult im Fährten lesen, vor allem in der Erkennung von Bärendung, einem höchst zuverlässigen Anzeichen für die Gegenwart des großen Braunen. Die Festigkeit, die man am besten mit einem Stock prüft, verrät das Alter der »Spur«.

Natürlich verfolgen wir die häufiger werdenden Zeitungsberichte von Begegnungen mit Bären und folgen den Ratschlägen, die man auch in anderen Ländern mit Bärenpopulation gibt, vor allem das Singen und Läuten, das die Bären verschreckt – unabhängig von der Qualität des Gesangs.

Vor dem Hintergrund dieser praktischen Erfahrungen mit der finnischen Fauna erscheint das beliebte Stromern im Wald in einem ganz anderen Licht. Gefragt ist nicht nur Geschicklichkeit, sondern auch Selbstbeherrschung. Allein mit den Karnivoren, aber nicht mit einer Magnum 45 wie unsere kanadische Freundin, sondern mit einer Kuhglocke am Rucksack und einem breit gefächerten Liederkanon. Der finnische Ansatz im Umgang mit Gewaltpotenzial ist intelligent und defensiv – mit guten Resultaten.

Also gehen wir im Spätsommer im Dickicht des Waldes stromern, ausgerüstet mit Sammelbehältern – trotz Bärengefahr. Leena ist meine Heldin. Unerschrocken, aber in Gedanken stets bei Ursus Arctos rüstet sie sich für den Beereneinsatz: Sammelbehälter, Puukko und vor allem ein Lied auf den Lippen, dazu die alte Kuhglocke. Über Stunden erschöpft sie den schier unendlichen Kanon ihrer Liederkultur in drei Sprachen. Dem Ursus ist es egal, ob Leena das Lied vom kleinen Roboter singt oder »Ja se Oolannin sota oli kauhia …!« Was zählt, ist die wirksame Ruhestörung, die laut Belehrungstafel im Teutoburger Wald fast einer Straftat nahe kommen würde. Die Störung der Bärenruhe verfehlt aber meist nicht ihre Wirkung.

Bevor Leena an diesem Tag mit ihrer Ausrüstung im Dickicht verschwindet, vergewissert sie sich noch, ob sie mich im Notfall erreichen kann.

»Hast Du Dein Händi dabei?«

»Klar.«

Wir haben immer unsere Mobiltelefone dabei. Aber was würde es nützen, wenn sie mich bei einer Bärenattacke anrufen würde? Wer weiß. Ich legte die Zweimeter-Brechstange vorsichtshalber zur Seite. Das beruhigte auf irrationale

Weise. Ich hatte Muskelkater davon, dass ich den Anhänger von 250 kg durch das Dickicht den Hügel hinauf unter das Haus gezogen hatte, und nun legte ich die Brechstange zur Seite, um damit ebendiese Masse zu bekämpfen, nur 250 Kilo lebender Muskulatur mit Universalklauen und Gebiss. Aber diese Gedanken kamen mir erst später. Zunächst beflügelte der dumpfe Aufprall des schweren Metalls meinen Beschützerinstinkt. Händi und Brechstange sind bereit. Ursus kann kommen.

Indes wilderte Leena im Territorium des Bären, der dezent seine Spuren hinterlassen hatte, nicht nur frischen Dung – hoffentlich nicht allzu frisch – sondern auch kahl gefressene Blaubeerbüsche. Leena stand also in direkter Konkurrenz zu dem Wildtier und bewegte sich weg von den kahl gefressenen Stellen. Das war strategisch diskussionswürdig, denn einerseits gab es dort mehr Beeren, aber andererseits auch eine größere Chance der Begegnung der gefährlichen Art, denn die kleinen Früchte wachsen dort nicht nur mit der Bestimmung, in den ausgewaschenen Milchkarton zu wandern, sondern auch in den Bärenmagen.

Ich war in den Bau des zweiten Bootshauses vertieft, als Leena unvermittelt mit blutroten Händen und rot verschmiertem Mund vor mir stand, die Klinge des Puukko locker in der Hand.

»Geschafft!«

Ihr Gesicht strahlte, und meine Gedanken sprangen unvermittelt vom Holzsägen zum Bären. Sie hielt die Beute in der Hand.

»Hier. Fünf Liter.«

Sie hatte die Waldbeeren dem Karnivoren abgetrotzt. Glücklicherweise gibt es in Finnland noch genügend Platz für unendliche Flächen von Blaubeersträuchern, und so konnte sich Urusus Arctos weit genug von Leenas schrecklichen Gesängen entfernen, dass sie unbehelligt fünf Liter Waldbeeren sammeln konnte. Der Farbstoff der Beeren war während der Heldentat tief in ihre Haut eingedrungen und widerstand für drei Tage jeder Bürste, der Baumseife und der Sauna. Man trägt diese Markierung mit dem Stolz des frisch domestizierten Naturmenschen.

Meine Heldin konnte kaum darauf warten, die Beeren in Lebensmittel zu verarbeiten. Einhundert Prozent Bio, nicht genmanipuliert, keine Kinderarbeit, frei wachsende Beeren. Das bisschen Tschernobyl ist in kleinen Mengen laut finnischen Lebensmittelchemikern unbedenklich und wird nicht täglich thematisiert.

Es dauert nicht lange, und der Inhalt des Eimers hat sich in Marmelade verwandelt. Leena füllt sie ab in kleine Gläser, die sie mit hübschen Aufklebern versieht. »Mustikkahilloa, 8/2012« oder »Wild berries, 8/2012«. Die mehrsprachigen Aufkleber haben einen Sinn, denn die Waldbeerenmarmelade ist das perfekte Gastgeschenk im In- und Ausland. Praktisch. Lecker. Exotisch. Und verbunden mit einer höchst gefährlichen Geschichte über ihre Herkunft, die auch den zurückhaltendsten Gastgebern die Zunge löst.

18 Fünfte Lektion: Die finnische Küche oder Was Monsieur Chirac nicht über die finnische Küche wusste

Was haben wir durch diese Berichte bisher über das Essen in Finnland erfahren? Man isst ursprünglich Fisch, Beeren, Pilze und verschiedene Sorten Gebäck. Diese Liste ist natürlich unvollständig, zeigt aber schon einmal den Trend. Naturnahe Nahrung ohne weite Transportwege, also ernährungswissenschaftlich und ökologisch korrekt.

Umso erstaunlicher, dass 2005 gleich zwei Präsidenten europäischer Länder, nämlich Jacques Chirac und Silvio Berlusconi, die finnische Küche als ungenießbar verhöhnt haben. Sie sagten, in keinem Land Europas esse man schlechter als in Finnland. Und schon haben wir einen Mythos, der sich gleich in Wikipedia und verschiedenen Zeitschriften festsetzt. Ein ausländischer Beobachter führte die angeblich mindere Qualität von finnischem Essen auf das Fehlen von Gewürzen zurück. »Weit schlimmer als Hamburger« soll Chirac dem damaligen russischen Präsidenten Putin gesagt haben, der dies natürlich politisch mit Bezug auf die USA einordnete.

Einige finnische Köche und Journalisten traten zum Gegenangriff an. Die Köche waren bemüht, ihre Künste mit geschmorter Bärentatze und zartem Rentierfilet nachzuweisen. Die Journalisten stellten als Rache einige Schwächen der Präsidenten zur Schau.

Der finnische EU-Parlamentarier Alexander Stubb bat Chirac zu Tisch, um ihn von den kulinarischen Fähigkeiten seines Landes zu überzeugen und »um Ihren bedauernswerten Eindruck von der finno-britischen Küche zu bereinigen« (Chirac hatte in einem Rutsch auch gleich die Briten als Kochversager klassifiziert). Zu diesem Zweck servierte Stubb Fischrogen mit lappländischen Kartoffelchips und Pilze mit einer Rüben-Roggen-Torte.

Alexander Stubb wurde bald Außenminister Finnlands. Ob seine Werbung für die finnische Küche dabei eine Rolle spielte, ist unbekannt. Ebenso unbekannt ist, ob die beiden Präsidenten romanischer Länder von den beflissenen Versuchen beeindruckt waren, die finnische Küche in ein besseres Licht zu stellen.

Die Frage muss anders lauten: Was ist eine schlechte Küche? Gibt es dafür allgemeingültige Kriterien? Mir kommt da sofort meine liebe Oma in den Sinn. Sie war in der Lage, aus dem besten Filet durch hartnäckiges Braten das gefürchtete Dauerkauffleisch herzustellen. Das machte Fleischessen zum traumatischen Erlebnis. Einmal im Mund, musste die Masse schnell hinunter in den Verdauungstrakt transportiert werden, bevor sie so trocken war, dass man daran erstickte. Wir Kinder saßen sonntäglich an ihrem Tisch und rangen mit dem Würgreflex. Jede Sorte von Gemüse verwandelte Oma durch intensives Zerkochen einheitlich zu einem Brei, der sich in Konsistenz, Aussehen und Geruch nach unserer Wahrnehmung nicht von Erbrochenem unterschied.

Offenbar gibt es also zumindest ein Kriterium für Kochkunst, nämlich die Kenntnis der grundlegenden Bestandteile einer Speise und ihrer Eigenschaften beim Garungsprozess, sozusagen Küchenchemie. Meine Oma hätte es nie gewagt, ein Rentierfilet nur drei Minuten zu garen. Ich kann aber versichern, dass dieses Verfahren auf einer heißen Pfanne – mit anschließendem Ruhenlassen – hervorragende Ergebnisse erzielt, gewürzt lediglich mit Salz und gemahlenen Wacholderbeeren. Aus dem Bratensatz, den Wacholderbeeren und Tomaten erstellen wir eine Soße und servieren das Rentierfilet natürlich mit Preiselbeeren, dazu Pasternak, Sellerie, Steckrüben, Möhren, Zwiebeln und Kartoffeln mit Rübenkraut beträufelt und im Ofen zuerst bedeckt und dann offen gebacken.

Verstehen Sie mich nicht falsch. Ich versuche nicht, die Nummer von Alexander Stubb zu wiederholen. Es geht mir darum, dass die Zutaten, die Finnland bereit hält, für schmackhaftes Essen geeignet sind, wenn man ihre chemischen Eigenschaften beim Zubereiten berücksichtigt. Unterscheiden wir also zwischen Kochkunst – als Küchenchemie – und regionaler Küche. Die Äußerungen der Präsidenten sind da nicht eindeutig. Meinten sie allen Ernstes, dass die Finnen als mehrfache Sieger des internationalen Pisa-Bildungswettbewerbs die Grundsätze der Küchenchemie nicht beherrschen? Sehr unwahrscheinlich. Oder waren sie der Ansicht, dass die finnische Küche – wobei wir eigentlich die verschiedenen Regionen Finnlands differenzieren müssten – trotz guter Kenntnisse der Küchenchemie nur kulinarischen Schrott hervorbringen kann?

Die hohen Herren haben ihre Ansichten der Öffentlichkeit nicht im Detail dargestellt. Sie haben sich auf einen emotionalen Ausruf beschränkt, der seine eigene Wirkung hinterlassen hat. Die Gewürzthese des ausländischen Journalisten halte ich für sehr gewagt. Zum einen geht sie von der falschen Annahme aus, dass es tatsächlich in Finnland an Kochkunst fehlt. Zum anderen stimmt die Logik des Arguments nicht. Zugegeben, die finnische Landwirtschaft ist nicht auf Gewürzproduktion spezialisiert. Allerdings pendelten die niederländischen und englischen Koggen schon im 16ten Jahrhundert zwischen Indien/Asien und Europa im höchst lukrativen Handel mit Gewürzen. Die Finnen hätten also spätestens seit dieser Zeit schon Zugriff auf die Geheimwaffe Gewürz gehabt. Allerdings hat dies ja auch den Engländern und den Niederländern selbst nicht geholfen. Haben Sie schon mal Burenkohl mit Zimt verfeinert – oder Fish'n chips mit irgendetwas anderem als Essig und Salz gegessen, also mit höchst lokalen Produkten? Der Handel mit Gewürzen hat noch nicht einmal wesentlich auf die allgemeine Küche der Handelsnationen abgefärbt.

Und Recht hatten sie, die Handelsleut'. War ja auch teuer, das Zeug. Und daher zumindest damals nicht für den Massenbetrieb eingerichtet. Soll es doch bleiben, wo der Pfeffer wächst, sagte sich der Landmensch von damals in vielen Teilen Europas, nicht nur in Finnland, das die Kartoffel als Grundnahrungsmittel auch erst im 18. Jahrhundert in den Speiseplan aufnahm. Davor waren es, wie in vielen anderen Ländern des Kontinents, halt Wurzeln und Knollen. Und diese Tradition sieht man auch deutlich in unserem Gericht mit Rentierfilet, das ich den geneigten Lesern nur empfehlen kann.

Das ist ja auch nicht überraschend. Hätten sich denn die Finnen Seetang aus Japan holen und Sushi essen sollen? Dazu hätte ihnen dann der Reis gefehlt, und die Japaner hätten sowohl von der mit den Finnen getauschten Buttermilch als auch vom Roggenbrot Bauchgrimmen bekommen. Ist es so verwunderlich, dass die Spezies Mensch vor der Globalisierung und globaler Mobilität die Pflanzen und Tiere verspeiste, die um sie herum wuchsen?

Auch die Lichtgestalten des feinen Geschmacks, Jacques Chirac und Silvio Berlusconi, können die Evolution der Nahrungsaufnahme nicht außer Kraft setzen. Auch in ihren Ländern isst das menschliche Tier, was drum herum wächst. In der Normandie, also in der einst von Wikingern eroberten und zivilisatorisch weiter entwickelten Region Frankreichs, gedeihen Kühe und Äpfel. Daher sind in der traditionellen Küche Kalbfleisch, dicke Rahmsaucen, reichliche Verwendung von Butter und Calvados (50-prozentiger Apfelschnaps) typisch. Als Dessert gibt es flache Apfelkuchen und kräftigen Käse wie Camembert, Livarot oder Pont-l'Évêque. Was sagen eigentlich die Ernährungswissenschaftler zu so viel tierischem Fett und Alkohol?

Natürlich kann man billig seinen Spaß daran haben, dass in manchen Regionen der Welt geröstete Heuschrecken oder gekochte Ziegenaugen gegessen werden. Für die Rekordsucher bringt gerade das erst den richtigen Kick. Für den Körper handelt es sich um Protein. Küchenchemisch angemessen verarbeitet, kann es dem Gaumen Freude bereiten – wenn man dies zulässt. Diese Offenheit hat aber nicht jeder. Monsieur Chirac hatte offenbar Angst vor dem Rübenauflauf nach dem Motto »Wat de Buer nich kennt, dat frett he nich«, also »stranger danger im international food terrain«. Da ist es einfacher, man macht sich selbst zum Mittelpunkt. Möglicherweise ernährt er sich lieber von Apfel- und Kuhprodukten.

19 Die Entdeckung des Luggersegels

Kommen wir auf das Holzboot zurück. Der Kauf war ja nötig, weil uns die Boote ausgegangen waren und weil zum Ambiente unseres alten Sommerhauses ein Plastikboot nicht gepasst hätte. Beim Bootskauf war auch das Luggersegel im Preis inbegriffen – sowohl das Segel selbst als auch der Name. Genau genommen heißt es »loggerttipurje«, und ich hatte keine Ahnung was das ist. So gesehen war es gleichgültig, welches der beiden Worte ich nicht verstand. Das Wörterbuch machte mich um nichts schlauer. Das Internet zeigte zumindest die typische Segelform, die ich auch ganz attraktiv fand – besonders die Rundhölzer oben und unten, ohne beim Kauf auch nur im Geringsten zu ahnen, was ein Segel eigentlich macht.

Meine Vorstellung war irgendwo bei den Kenntnissen eines Fünfjährigen stehen geblieben. Wir hatten als Kinder im Münsterland auf dem Baggersee Flöße gebaut, einen Mast aufgestellt und ein Handtuch daran befestigt. Der Wind blies uns dann über den Teich, und wir eroberten die Welt – bis wir an das andere Ufer kamen und nicht wussten, wie wir das Gefährt gegen den Wind zurück bringen konnten. So haben wir es einfach an einem Seil vom sandigen Ufer aus zurückgezogen. Damit war das Problem gelöst – und unsere Erkenntnisse in Sachen Segeln auf diesem Stand eingefroren.

Zum Glück hatte Michael vom örtlichen Segelverein mir die Geschichte mit der Tragfläche erzählt, die kein Segler mehr hören kann: So wie eine Tragfläche ein Flugzeug in der Luft hält, so gibt ein Segel dem Boot Vortrieb, wenn es im richtigen Winkel zum Wind steht. Das kann man auch sehr technisch ausdrücken und genau berechnen, aber dafür braucht man ordentliche Kenntnisse in Physik und Mathematik. Kinder können aber auch ohne Mathe und Physik sehr früh Segeln lernen. Also kann man Vortrieb auch intuitiv erfassen. Wie peinlich, wenn Erwachsene fragen, wie man denn »gegen den Wind« (später lernen wir »am Wind«) segelt, und Grundschüler machen es ihnen am Steg vor. Glücklicherweise hatte mich Michaels Erklärung entwicklungspsychologisch aus dem Alter eines Vorschulkindes befreit, und ich stellte mir das Segel als eine aufrecht stehende Tragfläche vor, die das Boot so etwa in Richtung Wind vorantreibt.

Erstaunlich, wie wenig Wissen ausreicht, um andere Erwachsene zu beeindrucken, deren Kenntnisse der Aerodynamik auch nicht über die Entwicklung von Fünfjährigen hinausgekommen sind. Aber der Stammtischheld musste sich noch in der Praxis beweisen, denn – wie jeder weiß – frontal gegen den Wind zu segeln ist nicht möglich.

Praxistest: Ich sitze in meinem Saaristolaisvene und erobere den See – sozusagen als Fortsetzung der Abenteuer am Baggerloch. Inzwischen sind Auftriebskörper in meinem Traditionssegler, und alles ist angebunden, auch die Schöpfkelle. Ich segele vor dem Wind wie damals auf dem Floß in eine Art Fjord hinein, etwa 3 Kilometer lang und am Anfang 300 Meter breit. Als es immer enger wird, wende ich und stelle mir das Luggersegel als stehende Tragfläche vor. In dieser Bucht gibt es auf der Südseite ein massives Aufgebot an Sommerhäusern, etwa zehn Häuser auf 3 Kilometern, viel zu dicht, und alle Kinder sehen auf den Bootsstegen zu, wie der deutsche Seeräuber an ihnen vorbei rauscht.

Und dann das Drama und die Erkenntnis. Die Tragfläche versagt! Ja, die Aerodynamik scheint in der Bucht anderen Gesetzen zu folgen. Der Wind nimmt das Boot und drückt es tiefer in die Bucht. Welch eine Schmach, das Boot an einem Seil wieder zurückziehen zu müssen. Nein, das wäre ja hier unmöglich; das Ufer reines Dickicht.

Der Puls steigt. Der Wind drückt uns in Richtung Felswand, davor Felsen unter Wasser. Das Boot rast. Die Kinder rufen aufgeregt, die Eltern kommen dazu. Nur noch wenige Meter. In letzter Sekunde eine Halse. Der Baum schlägt mit Wucht herum. Der Mast ächzt, steht aber noch. Arktische Kiefer. Die Stimmen am Ufer überschlagen sich. Das Boot rast nun auf die Zuschauer zu. In den Gesichtern Erstaunen. Ich kämpfe mit dem Wind und versuche, ganz cool auszusehen. »Tarviitko apua?« kommt das Angebot herüber geweht. »Brauchst Du Hilfe?«. Ach was, das kann doch einen Seemann nicht erschüttern.

Nur, wie komme ich heil aus der Bucht heraus? Vor dem Bootssteg eine Wende, keine Zeit zum Winken, dann wieder in Richtung Felswand, mit Karacho. Wenn ich in den Wind gehe, reißt die Strömung am Segel ab, das Boot steht im Wind und wird langsam zum Ende der Bucht gedrückt. Also Fahrt aufnehmen und zumindest nicht tiefer in die Bucht. Ich kreuze zwischen Felsen und Zuschauern, hin und her. Peinlich – für alle. Ganz langsam entdecke ich, dass ich mit jeder Wende dem Wind Meter um Meter etwas Distanz zum Ende der Bucht abgewinne. »Ich mache Höhe« werde ich später sagen.

Es dauert fast eine Stunde, bis ich endlich aus der Bucht heraus gekreuzt bin und der Sommerabend wieder den gewohnt entspannten Verlauf nimmt. Die Bucht atmet auf. Der deutsche Seeräuber rast nicht mehr auf die Felswand zu, und die Anwohner erfreuen sich wieder an dem unendlichen Wechsel zwischen Sauna und den frischen 18 Grad des Puula-Sees. Fröhliches Kinderplantschen echot wieder aus der Bucht heraus über die weiten Distanzen.

Fazit: Deutsche Segler sind ein Stressfaktor. Das war übrigens nicht anders bei dem Engländer (dasselbe Prinzip: ein Engländer pro zehn Quadratkilometer), als er sich das Windsurfen beibringen wollte – in seinem Wetsuit. An derselben Stelle, als wollten die Ausländer dort zeigen, was sie können – oder eben nicht können. Er fiel ins Wasser. Beim Surfen so üblich. Und reflexartig kamen die finnischen Sommerhäusler mit ihren Motorbooten zur »Rettung«. Das ist interkulturelles Lernen: Die Ausländer wollen gar nicht gerettet werden. Stattdessen wollen sie unsinnige Fahrten auf dem Wasser machen – auch wenn sie dabei unter gehen. Da sind die Finnen anders. Sie legen auf dem Wasser Distanzen mit einem Ziel zurück: Fischen, Netze oder Reusen auslegen, ein Picknick auf einer Insel oder andere Finnen am Sommerhaus besuchen. Nur Kinder und Jugendliche fahren im Kreis herum.

Ein kompletter Segelkurs mit »amtlichem Sportbootführerschein für Sportboote mit Antriebsmaschine und/oder Segel« war jetzt definitiv unumgänglich. Sicherheitshalber habe ich dazu auch den entsprechenden Kurs für das Meer absolviert und führe nun diese von Rechts wegen in Finnland völlig überflüssigen Urkunden bei mir, schon um mir selbst gegenüber klar zu machen, dass die nächste Kenterung keine grobe Fahrlässigkeit ist. Matti, mein finnischer Segelfreund, hatte ebenfalls alle Kurse absolviert, eben nur in aller Stille und ohne offizielle Urkunden. Ein unfreiwilliges Zurschaustellen praktischer Inkompetenz ist hierzulande einfach zu peinlich und auch der Frau gegenüber im Falle eines Unfalls schwer zu vertreten.

20 Winterlager und Bootspflege, alles ohne Anleitung

Ich hatte ja mein Holzboot beim Bootsbauer im Dorf bestellt. Er hatte mich überzeugt, dass es noch ein Segel braucht. Ich stellte fest, dass das Segel den von der Physik vorgeschriebenen Eigenschaften nicht ganz entsprach, entdeckte den Baumniederholer und begann, über Verbesserungen der Segeleigenschaften nachzudenken.

So erklärte ich dem Bootsbauer, dass das Boot beim Wenden gern im Wind stehen blieb. Das sagte ihm nicht viel. Es stellte sich heraus, dass er nicht segelte. Nun wurde die Kommunikation schwierig. Mein Verständnis von Booten und vom Segeln war auf den ersten Segelkurs begrenzt, mein Finnisch war ohnehin begrenzt. Dazu noch Fachausdrücke wie »am Wind«, »vorm Wind«, »anluven« und so weiter. Und trotzdem gab es keine Garantie, dass er selbst mit diesen Ausdrücken etwas anfangen konnte.

So kamen wir zu einer seltsamen, aber für beide Seiten interessanten Lösung des Wendeproblems. Ich hatte ihm erklärt, dass ich manchmal statt einer Wende eine Halse machte, weil das Boot dieses riskantere Manöver immer bereitwillig durchführte. Nur neige der Bug dann dazu, etwas abzutauchen. Er schlug vor, ein Vordeck zu bauen und mit einem Süllbord zu versehen. Dann würde bei einer Halse kein Wasser ins Boot schwappen. Kosten: siebenhundert Euro. Das wird gut aussehen. Also stimmte ich zu. Man könnte auf dem Vordeck auch sehr gut stehen und nach Steinen unter der Wasseroberfläche Ausschau halten. Der Umbau hatte nur eine gewisse Einschränkung: Er lieferte keinen Beitrag zum Wendeproblem, sah aber wirklich gut aus.

Auf diese Weise nahm der Bootsbauer jeweils am Ende des Finnlandurlaubs das Boot für weitere Maßnahmen in seine Obhut. Bei der Gelegenheit bat ich ihn dann auch jedes Mal, es kurz zu »warten«. Das machte er auch stets für einen Betrag von 100 Euro. Ich hatte ja keine Ahnung, was die Wartung beinhaltete. Jedenfalls konnte ich dann im folgenden Jahr ein Boot im Tiptop-Zustand entgegennehmen. Einmal wurde es sogar im Winter auf eine Messe für Holzboote nach Helsinki gebracht, um weitere Aufträge hereinzuholen.

Der Besuch beim Bootsbauer entwickelte sich so zu einem regelmäßigen Bestandteil der Sommerferien in Finnland. Nach einiger Zeit waren Pertti und ich dann auch eindeutig »per Du«. Ich muss sagen »eindeutig«, weil die Anredeform in Finnland nicht ganz so funktioniert wie in anderen Sprachräumen, die zwischen »Du« und »Sie« unterscheiden. Es gibt zwar im Finnischen und Deutschen Anredeformen, die sich klar entsprechen:

Du bist – Sinä olet.

Sie sind – Te olette.

Man erkennt also »Du« und »Sie« klar am Pronomen und der Verbendung, mit dem kleinen Unterschied, dass die Sie-Form genau genommen »ihr« bedeutet. Wenn man also allein mit jemandem spricht, wird es klar, ob man gesiezt oder geduzt wird. Nur passiert es häufig, dass man bei einer zufälligen Begegnung kunterbunt durcheinander gesiezt und geduzt wird. Das wäre im Deutschen recht problematisch. Vom Duzen zurück zum Sie ist bei uns eine Kränkung, schon fast ein Straftatbestand, und passiert höchstens mal nach einem allzu fröhlichen Betriebsausflug. Sehr peinlich. Die Anredeebene ist in unserem Land fester Bestandteil des Beziehungsgefüges. In Finnland dagegen kann die Anrede in einem Gespräch zehn Mal wechseln, ohne dass es jemandem auffällt. Das Sie ist eine Art Zuckerguss, den man optional hinzufügen kann. Dies passiert häufig, um in Intervallen zu markieren, dass man sich in einem geschäftlichen Gespräch befindet. Das Du zwischendurch bedeutet, dass man freundschaftlich ist. Daher kennt man auch nicht den Sprechakt »Wir können doch auch ›Du‹ sagen.«

Jedenfalls bemerkte ich zu einem bestimmten Zeitpunkt, dass kein »Sie« mehr eingestreut wurde. Zur Anrede gehört ja auch der Name. Im täglichen Umgang benutzt man in der Anrede fast nur noch den Vornamen. Die Form »Herra Puntila« (Herr Puntila) ist veraltet. Für manche Leute benutzt man auch nur den Familiennamen gegenüber Dritten. Pertti mochte auch deshalb nicht gern meinen Namen aussprechen, weil er viel zu viele Zischlaute enthält. Sehr unökonomisch. So wird aus Felix Zieschang einfach »Fäliks Siisan«. Die Finnen mögen es halt nicht, wenn allzu viele Zischlaute auf einen Haufen kommen. Zischen ist ihnen ein Greuel. Menschen sind doch keine Salamander.

Pertti und Fäliks waren sich also durch ihr Interesse für Holzboote näher gekommen, und so konnte ich auch schon mal das eine oder andere Berufsgeheimnis ansprechen.

»Was machst Du eigentlich im Winter bei der Wartung des Bootes?«

Finnen tragen nicht gern dick auf. So würden sie sich nie zu Aussagen hinreißen lassen wie »Ich bin ein recht guter Segler«. Daher bekam ich zur Antwort.

»Nichts Besonderes. Du pinselst das Boot nur ’n bisschen ein.«

Ich nahm die Aussage nebensächlich und ungerührt zur Kenntnis. Sie entspach ja auch in etwa dem Rechnungsbetrag. Pertti fügte noch missionarisch hinzu: »Holzboote haben völlig zu Unrecht den Ruf, dass sie viel Arbeit machen. Das ist Unsinn.« Habt ihr's gehört. Unsinn. GFK-Boote brauchen ewiges Abschleifen, Antifouling und was weiß ich. Holzboote muss man nur 'n bisschen einpinseln.

Wieder mal kam die Erkenntnis auf Umwegen. Eines Tages erklärte mir Pertti, dass er mit der Bootbauerei aufhörte. Nicht aus Altersgründen und nicht wegen mangelnder Aufträge. Sein Sohn, der stets im Hintergrund geholfen hatte, wollte in die weite Welt hinaus, und ein Helfer vom Arbeitsmarkt wäre zu teuer. Pertti hatte ein schlechtes Gewissen. Er wollte doch immer für seine lebenden Produkte da sein. Das sprach er nicht aus, strahlte es aber mit jeder Faser seines lutherischen Wesens aus. Nun hatte er es mir gebeichtet, aber für ihn gibt es keine Absolution. Die Finnen müssen die Summe all ihrer Schuld ein Leben lang mit sich tragen, seit sie sich zum Christentum bekennen, also seit fünfhundert Jahren – je nachdem wo in Finnland sie leben.

Auch in mir stieg ein schlechtes Gewissen auf. Ich bin zwar kein Kaufmann, aber mir wurde mit einem Schlag klar, dass seine Rechnungsbeträge den Arbeitsaufwand verniedlichten. 100 Euro für das Winterlager, einschließlich Transport und dem Teeren und Aufarbeiten des Bootes. Wo gibt's denn so was? Auf dem Markt für klassische Boote würde man in unserem Land ein Vielfaches berechnen. Aber jetzt war es zu spät. Eine Erhöhung des Betrages würde ihn auch nicht aus der Krise reißen. Pertti sagte mir noch, dass es jetzt im ganzen Landkreis keinen Bootsbauer für Holzboote mehr gibt. Er liebte seine Boote und musste sie nun allein lassen. Es war ein trauriger Augenblick.

Jeder ging nun seines Weges, und ich war ganz auf mich gestellt mit meinem Holzboot. So kam ich nicht einmal mehr dazu, mich bei Pertti über weitere Details der jährlichen Wartung zu erkundigen. Zumindest war das Boot ja nun im Top-Zustand, ich konnte es für die kommende Saison genießen, und alle Besucher bewunderten es gebührend. Dafür zickte es immer noch beim Wenden und machte auch kaum Höhe.

Das Boot wurde am Ende der Ferien im Bootshaus winterfest eingelagert, das wir vor einigen Jahren gebaut hatten. Ja, wir hatten eigens ein Bootshaus errichtet. Kein einfacher Auftrag in Finnland, denn die strengen Gesetze schreiben ja vor, dass direkt an den Ufern der Seen keine Gebäude stehen dürfen.

Ein Bootshaus in einiger Entfernung vom Ufer würde aber gewisse logistische Probleme aufwerfen. Das leuchtete auch der Gemeindeverwaltung ein.

Im Winter wurde mir klar, dass ich nun mit der »Wartung« selbst klar kommen muss. Und was macht man nun bei der »Wartung«? Ich finde auf den finnischen Internetseiten jede Menge unterschiedlicher Ansätze, die eines gemeinsam haben. Es ist definitiv mehr als nur »ein bisschen einpinseln«. Ich merke mir mehrere Tage für die Arbeit im Mai vor.

Es ist Mai. Das Boot hat den langen Winter trotz hohem Schnee und eisiger Kälte bestens überstanden. Es war gut eingepackt, hatte keinen Schneekontakt und lagerte bei der richtigen Luftfeuchtigkeit. Das Boot wird (von mir) mit einer Drahtbürste innen und außen gereinigt, bevor es mit einer frei erfundenen Mischung aus Holzteer und Baumwollöl gestrichen wird. Das ist also das Einpinseln. Es ist eine Menge Arbeit. Vielleicht lag es ja auch an meinem Bootshaus. Da die Bauhöhe beschränkt war, kann man das Boot im Bootshaus nicht anheben. Daher bleibt für Arbeiten unter dem Boot eine Bewegungsfreiheit von maximal 50 Zentimetern. Ich suche noch nach einer Alternative.

Dieser Vorgang wiederholte sich nun einige Jahre. Boot einmotten, im Mai wieder ausmotten und mit Teer einpinseln. Der Optimist in mir resümiert zuversichtlich den Lernzuwachs: Auch negative Erfahrungen haben Motivationspotenzial. Ich erwäge, einen Grundkurs zur Instandhaltung von Holzbooten zu besuchen, zögere die Buchung aber noch hinaus.

Der Pessimist in mir stellt fest, dass die Pflege von Holzbooten einen beträchtlichen Arbeitsaufwand und Körpereinsatz und in unserem Fall einiges an Logistik erfordert. Zudem ist das Boot langsam, wackelig, wendet nicht gern und macht kaum Höhe. So blieb es nicht aus, dass ich mir in Deutschland ein Boot an einem See zulegte. Segler werden sofort verstehen, dass man vom Segelvirus gepackt nicht einfach nur für einige Wochen auf einem noch so hübschen Holzboot im Ausland segeln kann. Segeln wird schnell zum Grundbedürfnis.

Die Vorstellung, nur für drei Wochen am Ferienort segeln zu können, ist für den Infizierten vergleichbar mit dem Vorschlag, nur im Urlaub Nahrung zu sich zu nehmen. Absurd. Daher das Boot in Deutschland. Nein, nicht aus Holz, auch kein Traditionssegler, kein Stückchen Holz, sondern ein Boot von einer namhaften schwedischen Werft, mit dem man richtig segeln kann. Keine Zicken. 550 cm lang, 200 cm breit, 200 kg Hubkiel, sportlicher Riss, problemlos einhand segelbar, eine echte Rennziege.

21 Die »Aalto« in finnischen Gewässern

Ich habe sie ja gestanden, die Sache mit der schwedischen Rennziege. Es war einfach kein Vergleich. Einige Zeit nach dem letzten Teeren wurde es klar: Das Holzboot ist eine lahme zickige Krücke im Verhältnis zu diesem modernen Boot aus Schweden. Wir tauften es liebevoll »Aalto«, finnisch für »Welle« und in Anlehnung an den berühmten Architekten Alvar Aalto, richtig mit Champagner. Einfach eine Wonne. Sie springt bei wenig Wind an, kommt bei gut Wind ins Gleiten, kann problemlos einhändig gesegelt werden. Die Bedienung von Fock und Groß ist kinderleicht. Der Ballast im Kiel gibt einem ein Gefühl von Dickschiff. Der Wahnsinn.

Sie können sich denken, was im nächsten Jahr passierte. Es steht ja in der Überschrift. Ja, wir haben die Aalto mitgenommen – nach Finnland. Okay, es war keine Routinefahrt. Immerhin war das Gespann 12,5 Meter lang und 1,9 Meter hoch. Damit auf die Fähre und rückwärts einparken, das war schon gewöhnungsbedürftig – zumindest für mich.

Der Rest der Fahrt nach Finnland ist psychologisch ein Kinderspiel. Das Gespann steht auf einem der elf Decks der Fähre. Nun beherrscht der Wechsel der Mahlzeiten den Biorhythmus der Fahrer, und es geht mit ungeahnten 25 Knoten in Richtung Helsinki, der Geschwindigkeit des legendären »Patrol Torpedo Boat« der US Navy. Wenn die Sonne scheint und die Fähre gegen den Wind unterwegs ist, verkriechen sich die wenigen Freunde der Frischluft in kleine Ecken an Deck, in denen man nicht weggeweht wird. Staunen mit offenem Mund ist hier nicht ratsam. Der Wind drückt mit Gewalt in die Lungen und verschlägt dir den Atem auf dieser rasanten Seefahrt.

Nach 27 Stunden betrachtet man beim Frühstück die Skyline von Helsinki. Dann hinaus in das Revier der Ordnungshüter Finnlands. Zuerst eine morgendliche Alkoholprobe, die verschiedene Truckies nicht bestehen. Endstation. Was passiert hier mit verderblicher Ware, fragt man sich, hört hoffentlich den erfreuten Ausspruch der Polizisten »Nolla, niin kuin pitää olla« (Etwa: »Null, wie's auch sein soll«) und muss schon weiter, ohne je zu erfahren, wie lange der Kühltransporter ohne Fahrer auskommt.

Die Autobahn von Helsinki Richtung Norden deckt die ersten 150 Kilometer der Strecke ab und frisst sich danach eindrucksvoll und unaufhaltsam durch den Granit der finnischen Urlandschaft. Die Bagger verschlingen den

Fels wie der große Steinbeißer von Michael Ende und produzieren eine breite Trasse nach dem Muster deutscher Autobahnen, allerdings für Geschwindigkeiten, die bei 120 km/h abgedrosselt werden.

Noch vor einigen Jahren folgte hier die Straße den scheinbar unendlichen Wellen der eiszeitlich abgeschliffenen Granitfelsen. Ein herrliches Trainingsrevier für künftige Rallyefahrer. Jetzt zeigt die finnische Technologie ihre Muskeln, und die mitteleuropäischen Herzen reagieren mit einem Rettungsinstinkt für die nordische Urlandschaft. Wir haben unsere Wälder im Mittelalter abgeholzt und retten nun im Geiste die letzten Urwälder Europas, bis unser Herz an der nächsten Tankstelle finnische Holzprodukte entdeckt. Besonders begehrt das Buttermesser aus Wacholderstamm mit seinem zart-intensiven Dauerduft. Finnische Natur zum Mitnehmen.

Während der mitteleuropäische Geist-Seele-Beobachter den Zustand der Welt beurteilt, folgt unser Bootsanhänger brav dem Zugfahrzeug über die Autobahn, durch die Baustellen, dann auf Landstraßen und schließlich auf unbefestigten Waldwegen hin zum Ufer des Puula. Genaue Ortskenntnisse sind hier unabdingbar, denn für unseren Teil des Puula gibt es nur eine Stelle, an der man das Boot slippen kann, etwa 6 Seemeilen vom Sommerhaus entfernt. Dabei bleibt ein Restrisiko, denn der Vorgang ist bisher nicht erprobt.

Die nächsten Hürden heißen Aufriggen und Wassern. Wie schon beim Saaristolaisvene habe ich auch von der Aalto im Lieferzustand Fotos gemacht, um das Boot korrekt aufriggen zu können. Wir stellen zu zweit den 7,5-Meter-Alu-Mast. Beim Wanten-Spannen schaue ich nach oben und sehe erst jetzt zwei Meter entfernt vom Mast Stromleitungen. Mich durchzuckt ein Schreck von mindestens 10.000 Volt. Erkenntnis: Hier wassern keine Segler. Dann Wanten und Vorstag gespannt, alles eingepackt, Außenborder betankt und befestigt, keine Probleme beim Slippen.

Wir sind ungeduldig und wollen am Sommerhaus ankommen. Daher geht's zunächst per Motorkraft durch die fast endlosen Ausbuchtungen des Sees. Schon nach zehn Minuten sehen wir ein Kabel in luftiger Höhe über dem See. Daran ein Schild: »Sähkölanka, 8 metriä.« Man braucht keine Finnischkenntnisse, um zu erkennen, dass hier in acht Metern Höhe wieder elektrische Gefahren lauern, fast als wollte man Segelboote vom Puula fern halten. Kurze Besinnung. Wir wollen vermeiden, dass die Spannung die 50 cm zwischen Leitung und Mast überspringt, und setzen die Segel, um mit ordentlich (Schräg-)

Lage und vergrößerter Distanz zwischen Mast und Kabel unter der Barriere hindurch zu segeln. Erfolg! Etwas anderes will ich mir auch gar nicht vorstellen. Also Volldampf voraus.

Sobald alle Hindernisse hinter uns sind, wird eines sofort klar. Die Aalto ist schnell, sehr schnell, sie fährt gut Höhe; es gibt nicht die geringsten Probleme, auch die engsten Stellen zu passieren. Der Sommer ist kalt und windig. Kalt ist schlecht, windig gut.

Ein Vergleich mit dem Saaristolaisvene ist nicht fair und auch völlig sinnlos. Genauso gut könnte man Fords Tin Lizzy mit einem Ferrari vergleichen. Tatsächlich habe ich aber beide Boote am Steg, und die schlechten Segeleigenschaften des Holzboots waren der Grund für den Kauf der Aalto. Also lässt sich der Vergleich nicht ganz vermeiden.

Zu Hause habe ich ein Notboot, einen Flying Fish, an einem See, der in früheren Tagen den Namen Baggerloch getragen hätte. Vielleicht bin ich süchtig geworden, aber das Boot am nächsten See ist dringend notwendig, wenn ich schnell mal segeln gehen will. Der ehemalige Baggersee misst 800 mal 600 Meter und ist Heimat meines örtlichen Segelclubs, eines Angelvereins, mindestens eines Tauchvereins, einer DLRG-Abteilung, umgeben von Sonnenwiesen, die bei gutem Wetter einer unzähligen Menge von Menschen Zuflucht und Romantik bieten. Dann sind die Liegewiesen übersät mit Menschen, umgeben von rauchenden Rostbratwürstchen, eine olfaktorische Mischung aus Sonnenöl und Bratsatz. Ali Mitgutsch hatte diese Art von ereignisreichen Szenen in seinen Bilderbüchern eingefangen.

Wieder lässt sich ein Vergleich nicht vermeiden. Fangen wir an bei den 800 mal 600 Metern. Ich bin froh, dass ich diese Wasserfläche in meiner Nähe habe. Am Puula muss man einfach umdenken. Sechs Seemeilen Anfahrt zum Steg. Eine einzelne Ausbuchtung kann leicht mal mehrere Kilometer lang sein. Klar, die Meere sind noch viel größer. Nur: Die Finnen haben das direkt vor der Haustür.

Nun hatten wir die Aalto umständlich in dieses Paradies gebracht, in dem es in diesem Jahr kalten Regen gab. Rein zufällig wieder einmal die exakten Bedingungen wie bei meiner Kenterung. Ich muss gestehen, ich konnte mich kaum zurück halten, an der fatalen Stelle vorbei zu segeln – mit der Aalto. Rückkehr zum Tatort? Vermutlich wollte irgendein Teil meines Ich sich kindisch beweisen. Ich kann die Freude daran nicht verhehlen. Als der Wind »in der Düse« von drei auf fünf Beaufort anstieg und ruppig die Richtung wechselte, verneigte sich die Aalto leicht und elegant. Mit einem Griff stand das Segel richtig, die Aalto beschleunigte und kam ins Gleiten, das ich abrupt beenden musste, um nicht auf dem Ufer zu landen. Und davor hatte ich Bammel gehabt?

Die Zuversicht stieg. Die Buchten vor dem Sommerhaus waren schnell abgeklappert. Boote mit kleinen Außenbordern hatten keine Schnitte gegen die Aalto. Das war eine seltsame Erfahrung für jemanden, der Imponiergehabe zutiefst verachtet. Vielleicht kann man das Ganze ja auch auf eine abstraktere Ebene heben: Windkraft gegen Maschine. Reine technische Neugierde. Die alten Motorboote sind Verdränger und kommen nicht über ihre Rumpfgeschwindigkeit hinaus. Die Aalto aber schon, wenn sie ins Gleiten kommt. Haha! Ein einzelner praktischer Beweis hätte genügt. Mir machte aber auch der fünfte Beweis noch Spaß. Sorry.

Ich musste nun hinaus aus dem Revier des Saaristolaisvene, das sich ja schwer durch die engen Passagen zu größeren Wasserflächen kreuzen ließ. Die Aalto passierte dieselben Stellen bravourös.

Die schnelle Bewegung ließ das Revier zusehends schrumpfen. Eine Rumpfgeschwindigkeit von 5,7 Knoten lässt uns eine Distanz von etwa 18 km in zwei Stunden zurücklegen. Kommt das Boot ins Gleiten, ist die zurückgelegte Strecke wesentlich länger. Die Grenzen des Ein-Liter-Tanks eines kleinen Außenborders sind so schnell erreicht. Was kann man da sagen? Man fühlt sich gut, für solche Distanzen die Kraft der Natur zu bändigen. Naja, so lange wie man sie bändigen kann, was natürlich nicht immer so ganz klappt.

Nehmen wir die sechs Beaufort, die es auf einer der großen Wasserflächen hatte. Okay, für die Cracks unter den Seglern fängt es dann erst an, interessant zu werden. Ich bin aber immer noch ein ziemlicher Neuling. Sechs BF - das ist ein Wind von 40-50 km/h. Da gibt es ordentlich Welle. Ja, zugegeben, der Wind hatte mich überrascht. Ich segelte zunächst vor dem Wind, machte gut Fahrt, bediente Fock und Groß bequem vom Cockpit. Wunderbar. Was sage ich? Ein Genuss.

Es war ein langer Schlag, und der Wind musste zugenommen haben, während ich den Ritt genoss. Aber das bemerkte ich erst beim nächsten Schlag, der uns auf einen Kurs am Wind brachte. Anfängerfehler? Vielleicht. Ich hatte Mühe, das Boot auf Kurs zu halten. Der Druck auf das Ruder wurde enorm.

Ich entschloss mich, die Fock herein zu holen. Bei weniger Wind ist das problemlos. Fockschot lösen, vom Cockpit aus, und die Fock fällt sekundenschnell ins Vorschiff. Bei 6 BF drehte ich vorsichtshalber in den Wind. Theoretisch sollte nun die Fock in das Vorschiff fallen. Tat sie aber nicht. Stattdessen wehte sie teilweise über Bord und gab dem Boot ein unkontrolliertes Momentum, das den Bug nach Lee schob. Ich steuerte gegen und erkannte in diesem Augenblick, dass ich jetzt an zwei Stellen zugleich gebraucht wurde, am Ruder und im Vorschiff, um die Fock zu bergen. Alarm. Der Pinnenausleger erlaubte keine Wanderung ins Vorschiff. Panik versuchte aufzukommen. In meiner Not fixierte ich die Pinne mit einem Tampen, hechtete zum Bug, zog die Fock herein, Gott sei Dank sekundenschnell. Der Wind ergriff das Boot erbarmungslos, und der Bug begann, sich nach Lee zu drehen. Adrenalinstoß; Blut schoss in den Kopf. Ruhe behalten!

Ich hechtete zurück zur Pinne und zur Großschot und brachte das Boot gerade noch unter Kontrolle. Aufatmen. Alles klar, aber der Adrenalinspiegel blieb oben. Der Alarmzustand sorgte für eine sichere Rückkehr. Danke, Evolution.

Festmachen am Steg, Segel bergen und wegpacken. Schon sind wir im Normalzustand, und der Zwischenfall wandelt sich zum Erlebnis. Herrlich.

»Wie war's, Schatz?«

»Nicht schlecht. Ganz schön flott, die Aalto.«

»Du hattest ja ordentlich Wind laut Wetterstation.«

»Ja, kommt leicht ins Gleiten, das Ding.«

Lügner! Du hattest Probleme, hast Anfängerfehler gemacht, hast dich in Gefahr gebracht. Dein schönes Kielboot aus Schweden hätte Schaden nehmen können – und Du auch! Ruderbruch. Zerschellt an einem der vielen Felsen. Wie macht das Gehirn das nur? Gerade noch in Not, und schon der Könner.

Wir machten eine edle Flasche Wein auf, Coonawarra Cabernet Savingon 1992 von Wynns, um die erfolgreiche Einführung der Aalto zum Puula zu feiern. Sie stand ja nun gut vertäut am Steg. Was konnte da schon passieren? An diesem Abend war Leena für einen Augenblick mit Tom Cruise verheiratet.

22 Zwischen zwei Schietwettern

Der Bootssteg verdiente inzwischen seinen Namen. Dort lag neben dem vielseitigen Saaristolaisvene die schöne Aalto. Und es war noch eine kleine Jolle hinzugekommen, die man auf dem Autodach transportieren kann. Sie wiegt nicht viel und ist schnell aufzubauen. Ein schönes Gerät für eine Person bei leichtem Wind – oder für Sportliche bei mehr Wind. Halt ein Boot für den schnellen Spaß zwischendurch, leicht transportabel, wenn man irgendwo mal schnell segeln will.

So waren wir nun für viele Eventualitäten gerüstet und konnten ein breites Spektrum an Wünschen zum Transport auf dem Wasser befriedigen. Nur hatten wir einen dieser Sommer mit reichlich »Schietwetter« erwischt, in dem eine Gewitterfront die andere ablöste. Ich war hochgradig vom Segelvirus befallen, hatte folglich mein Traumboot gekauft und das gute Stück den langen Weg zu unserem Häuschen am Puula-See geschleppt, um für einige Sommerwochen auf dem ausgedehnten Revier zu schippern. Und da stand sie nun, die Aalto – im Regen. Tagelang. Wochenlang. Kurzum: Es herrschte akuter Segelnotstand.

Zum Glück gab es zwischen je zwei »Schietwettern« hin und wieder Segelwetter. Die Wetterlücke ergab dann eine Gelegenheit für einen Törn quer über unser Stück vom See, etwa zehn Seemeilen. Je nach Wind ein bis zwei Stunden pro Richtung. Allerdings musste man aufpassen, dass man nicht zwischen die Wetterfronten geriet, denn die Gewitterstürme schlagen neuerdings gern mal Schneisen in den Wald und legen dabei einige hundert Bäume flach. Für den Notfall gibt es aber Zwischenstationen, an denen man fest machen kann – mit wetterfestem Unterstand.

Am x-ten Tag hatte der finnische Wettergott, Ukkonen, endlich Erbarmen mit uns Seglern, riss den Himmel auf und schickte einen Wind hinterher. Das war der Moment der Entscheidung. Innerhalb einer Millisekunde war klar: perfekt für einen Törn.

Die Gäste erfreuten sich an den Sonnenstrahlen und wollten schwimmen. Leena, meine Frau, dagegen hatte sich die Wetterstation genau angeschaut. »Der Luftdruck fällt rapide. Da kommt was auf uns zu.«, bemerkte sie knapp aber bestimmt. Sie mochte die Wetterstation und hatte wohl heimlich meteorologische Kenntnisse erworben. Typisch Finnin. »Bis dahin bin ich längst über den See und zurück.« Mein Gott, es war Se-gel-not-stand! Da gibt es keine

Zeit, die Wetterprognose auszudiskutieren. Die Lücke zwischen den Fronten war kurz. Also nichts wie los. Es gab schön Wind. Endlich raus aufs Wasser.

Die Aalto springt an wie ein junger Hengst, als ob sie es selbst auch kaum erwarten kann, endlich über die Wellen zu reiten. Der Wind frischte auf, und schon kommt sie ins Gleiten. So fliegen wir vorbei an den bekannten Gestaden, den Schären, Verästelungen, Buchten, den verborgenen Sommerhäusern. Gelegentliches Aufblitzen neugieriger Linsen, vereinzelt entfernte Sommergeräusche fleißiger Saunisten, ansonsten keine Seele auf dem Wasser. Der Vorwindkurs bringt uns schnell und fast trügerisch ruhig an den engen Kanal, der uns zum Wenden zwingt. Im Prinzip geht es hier erst richtig los. Hinter dem Kanal öffnet sich ein unermessliches Revier. Aber nicht heute.

Die Wende macht es klar. Riesige Wolkenberge türmen sich vor mir auf. Cumulonimbus. Die Gewitterfront versperrt mir den Weg zum Sommerhaus. Also Kurs auf die Picknickinsel mit dem Unterstand und Meldung ans Hauptquartier. Gut, dass Finnland so gut vernetzt ist.

Der Wind nimmt zu, sofort sind wir im Gleitflug. Vor mir in einiger Entfernung die Wetterwand. Die Situation hat etwas von dem »Chicken-Spiel«, das man aus Hollywoods Action-Welt kennt. Ich muss unbedingt vor der Front an der Picknickinsel ankommen und mich dort in Sicherheit bringen. Vor dem Gewitter wird es heftigen Wind geben. Im Gewitter ist der Metallmast auf dem See ideal positioniert für Blitzeinschläge. Glücklicherweise erfordert der Kurs kein Kreuzen, und ich mache gut Fahrt. Allerdings bedeutet eine Zunahme des Windes nicht nur eine Zunahme der Geschwindigkeit, sondern auch weniger Zeit bis zum Eintreffen des Gewitters.

Mir wird mulmig, und ich hake meine Lifeline ein. »Chicken!« Egal. Jetzt über Bord gehen wäre sehr unpassend. Endlich. Die Picknickinsel taucht auf. Das wird knapp! Plötzlich fallen sehr heftige Böen ein. Wenn man doch bloß das Biest reffen könnte! Mir wird noch mulmiger, und gleichzeitig wird mir klar, dass wir unmittelbar vor der Gewitterfront segeln. Man kann schon in einiger Entfernung den satten Regen sehen und das Grollen von Ukkonen hören.

Der Druck auf das Ruder nimmt zu. Der Wind dreht unvermittelt, eine Böe packt das Groß und drückt es platt aufs Wasser. Für eine Sekunde liegen wir auf der Backe. Ich halte die Pinne, fiere das Groß und kann mich auf der Kante halten, jetzt in zwei Metern Höhe. Die Böe lässt nach, und die gnädige Aalto richtet sich auf. Würdevoll. Keine Zeit für Emotionen. Nichts wie hin zu dieser Insel. Das Telefon klingelt. Jetzt nicht! Die nächte Böe pariere ich und auch die nächste. Da kommt der Regen. Man hört es prasseln. Wie in den Tropen. Die schweren Tropfen ergießen sich auf die Wasserfläche und springen fast 30 cm zurück. Eine Wende in den natürlichen Hafen. Das Groß rauscht herunter. Ich mache fest. Da ist die Regenwand. Ich bin sofort durchnässt. Egal. Ein Griff zum Seesack. Sprint zum Unterstand. Dann Blitz und Donner. Ukkonen ist wütend und haut so richtig drauf. Ratz-bum. Mitten im Donner schrillt das Telefon. Anruf vom Hauptquartier. Der Donner übertönt die Elektronik und dröhnt der Anruferin ins Ohr. Unsere Stimmen kämpfen erfolglos mit den akustischen Naturgewalten. HIER XXX GEWITTXX – KANN XXX NICHT VERXXX XX DONNXX. ALXX OK. Das mühsame Überschreien des Lärms hat was von Casablanca und Propellermaschinen – und ist völlig unkommunikativ. Dazu hämmert der Regen auf das Dach des Unterstandes, als wollte er den Lärm auf einem konstanten Pegel halten wie der Trommler in der Manege.

In all dem Lärm wird mir unvermittelt klar: Ich bin den Klauen des Ukkonen entkommen, kann in Ruhe trockene Kleidung aus dem Seesack kramen und tief durchatmen. Hat sich das gelohnt? Immerhin war es ein schöner Ritt über die Wellen.

Aufatmen. Ich schaue mich um im Unterstand, und es durchzuckt mich.

»No niin, viimeisellä hetkellä.«

(Na also, im letzten Augenblick.)

Die verregnete Brille begrenzt die Sicht, und das bloße Auge erkennt zwei Männer, die es sich auf dem Boden des Unterstandes bequem gemacht haben. Ohje, die Insel ist besetzt. Nein, das ist eine Ausnahmesituation, und die Bemerkung beweist ja sofort Empathie. Also sage ich,

»Gut, dass der Unterstand hier ist.«

»Ja, schon praktisch.«

Ende des Wortwechsels. Ein Blick auf ihr Boot, und meine Brille zeigte mir, dass die beiden fischen waren – und ebenfalls die Wetterstation falsch beurteilt hatten. Nachdem wir uns nun kennengelernt hatten, schickte ich eine Textnachricht zur Klärung ans Hauptquartier und spielte die Situation herunter. »Innenministerium?«, fragte einer der Fischer. Sie hatten auch schon Meldung gemacht. Verschwörerisches Gelächter. Dieser Grad der Bekanntschaft erlaubte es mir nun, meine trockene Kleidung anzuziehen.

Eine flüssige Unterhaltung war nicht nur kulturell nicht vorgesehen, sie wäre auch schon wegen des Lärmpegels kaum möglich gewesen. Die satten Regentropfen hämmerten weiter auf das Dach des Unterstandes und auf die ausgedehnte Wasserfläche. Blitze zischten und schlugen nahebei ein, begleitet vom dazugehörigen Donner.

Erst jetzt bemerkte ich, dass die Fischer ein Feuer gemacht hatten, ein ordentliches Feuer, auf das sie vor dem Regen noch einmal große Scheite gelegt hatten. Erstaunlicherweise brannte das Feuer immer noch. Die Scheite wirkten wie ein Dach. Mein Blick fiel auf die Stöcke, an denen Würstchen (für Insider »finnisches Sommergemüse«) aufgespießt waren. Die Fischer hatten sie geschickt verkeilt, so dass das Sommergemüse auf Autopilot gegart wurde.

Ich war überrascht, wie viel Verlangen die Fischer in meinen Blick hinein gelesen hatten. Unvermittelt brachten sie die Köstlichkeiten in unseren Schutzraum, legten sie auf Pappteller und hatten plötzlich auch Starkbier und Senf.

»Bitte ... wir müssen uns stärken.«

Das war eine klare Einladung. Ich überlegte, ob es gierig wirken würde, wenn ich das verlockende Angebot sofort annehmen würde. Wäre es vielleicht angebracht, erst einmal höflich abzulehnen? In Deutschland würde wahrscheinlich keine zweite Einladung folgen. Außer bei meiner Oma. Das Risiko war mir zu groß, und so lobte ich das hervorragende organisatorische Talent meiner Gastgeber, kramte aus meinem Seesack eine Schokolade hervor und legte sie dazu. 75 Prozent Kakao. Männertauglich.

Unter diesen günstigen Voraussetzungen entwickelte sich fast ein Gespräch, das nur durch verschiedene Tabus eingeschränkt wurde. So wäre es unpassend gewesen, zu viel von mir preis zu geben und zu viel von den anderen zu erfragen. Das kann schnell zu peinlichen Situationen führen und Schwächen oder soziale Unterschiede aufdecken. Natürlich fragten sie sich, was macht denn ein Deutscher mit einem Segelboot in Finnland, und warum spricht er Finnisch, wenn auch mit Fehlern? Wahrscheinlich kannten sie aber schon die Busch-Sage vom deutschen Seeräuber auf dem Schärensegler und konnten sich den Rest erschließen. Vielleicht waren es auch die Linsen ihrer Feldstecher, die heute in der Sonne aufblitzen. So blieb uns thematisch noch die Möglichkeit, offensichtliche Dinge auszusprechen, was aber unter Männern als geschwätzig und anstrengend gilt.

Ihr Boot war ein Modell aus der Neuzeit, keine der alten Schreimaschinen mit 4 PS-Zweitakter. Das ließ aber auf nichts schließen. Sie sprachen den Savo-Dialekt. Auch das ließ auf nichts weiter schließen, als dass sie aus dieser Gegend kamen. Sie trugen alte Sportschuhe, Jeans, T-Shirt, Kappe mit Nokia-Aufschrift und Regenjacke, beziehungsweise einen Trainingsanzug. Keine Labels, kein »Equipment«. Auch das ließ auf nichts schließen.

Im Gegensatz dazu trug mein Freund Hanjo schon beim Angeln situationsbedingt grüne Angelkleidung, reißfest und regensicher, hatte dazu passende Schuhe, eine Anglerhose mit vielen praktischen Taschen, am Gürtel weitere Taschen mit Angelzubehör wie Fischtöter, Anglerzange, Rachensperrer und so weiter. In den Taschen verbargen sich kleine Plastikschachteln mit einem Vorrat an Haken jeder Größe, Stahlvorfach, Karabinerhaken, Wobblern, Spinnern, Federn, Gummiwürmern, Bleischrot verschiedener Größe, Rollen mit monofilen und geflochtenen Schnüren und vieles andere mehr.

Im Revier ist der deutsche Angler also gleich an diesen Merkmalen zu erkennen. Anders in Finnland. Hier gibt es keine Sportfischerprüfung, keine Anglervereine und keine Anglerheime. Vor allem gibt es keine Besatzfische, also Fische aus der Zuchtanstalt, die eingesetzt werden, um von den Anglern einige hundert Meter weiter waidmännisch wieder herausgefischt zu werden.

Ein Finne wird erst im Boot zum Angler. Er oder sie steigt in Zivil ins Boot, nimmt ein, zwei Angeln mit, meist kleine einhändige Wurfangeln mit Blinker, die sie oder er im Supermarkt oder an der Tankstelle für wenig Geld gekauft hat. Ansonsten benutzt er oder seltener auch sie Reusen oder Netze. Diese Ausrüstung bleibt im Boot, markiert also nicht die Tätigkeit, das Hobby, den Verein oder den gesellschaftlichen Status.

Unser Gespräch nahm den üblichen vorsichtigen Verlauf, nicht viel anders als in anthropologischen Berichten über nordamerikanische Ureinwohner. Ich beschwörte drei magische Objekte mit Identifikationscharakter, das leicht rauchige Sommergemüse, den Senf aus Turku und das Bier der Marke »Lapin Kulta«. Die Erwiderung war verschwörerisches Gelächter.

So entstand für Minuten ein Bund zwischen uns drei Männern. Wer wird denn Erbsen essen, wenn es köstliches gebratenes Sommergemüse gibt? Fettanteil 20 Prozent. Der Senf aus Turku, der alten Hauptstadt, erinnerte an die gute alte Zeit, und die Bedeutung von Lapin Kulta (wörtlich »Lappengold«) spricht für sich. Wir stießen mit den Flaschen an.

Bald hatte sich Ukkonen ausgetobt und suchte sich andere Opfer an neuen

Ufern. So kam der Abschied ebenso plötzlich wie das unverhoffte Zusammentreffen. Zielorientiert. Aha, es klart auf. Kein Händedruck, keine Umarmung, kein Gruß, nur ein flüchtiges Nicken und eine rationale Erklärung aus dem ablegenden Boot: »Dann mal schnell zurück, bevor die nächste Gewitterfront kommt.« – »Genau.« Und Schnitt.

Stille ... Meine neuronale Schaltzentrale war kurzfristig von diesem abrupten Handlungsverlauf überfordert, schaltete daher auf Notstrom und kam zu dem Schluss, dass in diesem Land Taten mehr zählen als Gesten – während die Neuronen selbst noch unter dem glückseligen Einfluss des siebenprozentigen »Lapin Kulta« standen. Offenbar führte Segeln unweigerlich zu anthropologischen Erkenntnissen.

Zurück im Hauptquartier begann Leena eine interessante Erörterung meteorologischer Sachverhalte, die erstaunlich nach Frage 289 aus dem Fragenkatalog für den Sportbootführerschein klang, und zwar etwa so: »Welche Wetterentwicklung können Sie erwarten, wenn der Luftdruck um mehr als ein Hektopascal in der Stunde fällt?« Die Antwort ist allzu offensichtlich, zumal für Inhaber von Sportbootführerscheinen. – Dieser Umstand erleichterte uns die Erörterung des Begriffs »Segelnotstand«, der unwiderruflich aus dem seemännischen Vokabular gestrichen war, noch bevor die Möwen heiser dem Sonnenuntergang entgegen kreischten.

23 Das gemeine Ruderboot »Albert« rehabilitiert

»Haben Boote eine Seele?« heißt es im Yacht-Forum geschickt als philosophische Frage getarnt, als wäre die Antwort nicht für jeden Skipper eindeutig. »Dreht sich die Erde um die Sonne?« Wenn man überhaupt davon ausgeht, dass es Seelen gibt, wird es unmöglich sein, für Boote den Gegenbeweis anzutreten. Man vertraut seinem Boot sein Leben an, verlässt sich auf »sie«, die »Bianca«, die »Schwan«, die »Natter«. Schon das Pronomen haucht ihr Seele ein. Sie stellt eine Beziehung zu den Naturgewalten her, dem Wind, dem Wasser, den Strömungen.

Und ich Narr habe mein Saaristolaisvene verhöhnt. Lesen Sie es selbst nach: »Das Holzboot ist eine lahme, zickige Krücke …«, heißt es dort. Nicht einmal einen Namen hatte ich ihm gegeben, dem Holzboot. Dabei hieß es auf dem Lieferschein liebevoll »Albert 1«, ausgesprochen »al-päärrt yksi«. Zugegeben, im Deutschen ist Albert nicht unbedingt ein aktueller Name. Bei baby.vorname.de kommt er auf Rang 295. Die herausragenden Eigenschaften auf dem Onogramm sind »zuverlässig« und »unsportlich«. Diese zufällige Übereinstimmung lassen wir besser unkommentiert, obwohl Albert Einstein auf seiner »Tümmler« begeistert segelte, wohl aber nicht sehr sportlich.

Offenbar hatte die Albert in Gegenwart der Aalto ihre traditionelle Beziehung zu Ukkonen genutzt und reichlich Schietwetter, Gewitter und sogar Tornados bestellt. Jörg und Familie waren so verschreckt, dass sie den nächsten Urlaub in Anatolien verbrachten.

So wurde mir klar, dass man sich diesem hölzernen Gefährt vielmehr wie einem zartbesaiteten Lebewesen nähern muss. Schon im nächsten Frühjahr kam der Wandel. Ich besorgte frischen Holzteer und Baumwollöl, bereitete eine gute Mischung zu und pinselte die Albert liebevoll damit ein. Diesmal achtete ich darauf, dass ihr ganzer Körper von der schützenden Flüssigkeit durchtränkt war, und sie dankte es mir durch vollkommene Wasserabweisung im Sommer.

In dem Jahr hatte sie einen besonderen Bund geschmiedet mit Ukkonen, den sie wohl auf einen Austausch mit seinem anatolischen Kollegen geschickt hatte. Die Temperatur sank nicht unter 30 Grad in der Luft. Auch das Wasser hatte mehr als mediterrane Temperaturen. Zum ersten Mal seit hundert Jahren stand die Sauna still, und der Sprung ins kühle Nass erwies sich als Fußbad im

Planschbecken. Der Wasserstand sank um fast einen Meter, und einige Sommerhäusler fanden ihren Bootssteg auf dem Trockenen.

Es gab keinen Tag Schietwetter, stattdessen durchgehend Flaute bei Höchsttemperaturen. Die Finnen stornierten ihre Urlaubsreisen zum Mittelmeer, weil sie zu Hause »besseres Wetter« hatten.

Der Quirl hatte dieses Jahr viel zu tun und brachte die getreue Albert mit allen Besuchern zuverlässig zur Picknickinsel und den anderen üblichen Destinationen, die Ruder nur als Rettungsmittel am Bootsrand vertäut. Das Piratensegel dagegen ruhte im Bootshaus. So kam das schöne Vordeck viel besser zur Geltung. Niemand sah die Auftriebskörper, die unsichtbar das Boot sichern, nur die schönen Linien der Albert.

So halfen wir brav den Gästen ins Boot und hielten es beim Einsteigen stabil, indem wir den wackeligen Bewegungen des Rundspants durch Festhalten am Steg entgegenwirkten. Das vermittelte viel mehr das Gefühl von Sicherheit als alle eingebauten Rettungsmittel. Dazu die ruhige Fahrt mit dem elektrifizierten Altertümler – und alle waren begeistert.

Auch schmeckte allen das Picknick, der Tee in der Feuerkanne, die Pfannkuchen auf der Eisenplatte – alles gegart und erhitzt auf dem einzigen offenen Feuer, das wegen der durch die Abwesenheit von Ukkonen hervorgerufenen Hitzewelle nur auf einer kleinen Felseninsel möglich war. So wird Marina aus Sydney das schöne Finnland in untypischer aber glücklicher Erinnerung behalten und unrealistische Erwartungen in künftigen Besuchern des Landes erwecken.

Wir haben nun alles getan, um die Albert zu besänftigen, haben nicht vor, noch einmal mit einem Gespann von über 12 Metern nach Finnland zu reisen, haben die Albert liebevoll im Bootshaus verpackt und hoffen sehr, dass Ukkonen im nächsten Jahr zurück in seiner Heimat sein wird.

24 Namen und Handlung sind nicht ganz frei erfunden

Ich hätte es verschweigen können, darf aber problemlos zugeben, dass Namen und Handlung meiner Berichte aus der Wildnis nicht ganz frei erfunden sind. Die hier geschilderten Ereignisse haben sich so zugetragen wie berichtet — oder nicht wesentlich anders. Auch die Personen und Boote sind nicht frei erfunden, höchstens deren Beschreibung ein wenig abgeändert, um etwas Distanz zur Realität zu gewinnen, was die Betroffenen vermutlich schätzen werden.

Manche Leute lieben nationale Vergleiche, wenn ihr Verein gut abschneidet. Man könnte meine Berichte dahingehend missverstehen, dass sie einen Vergleich von Deutschland und Finnland darstellen, bei dem Deutschland schlechter abschneidet. Ein solcher Vergleich ist nicht beabsichtigt und auch gar nicht sinnvoll. Die Finnen können rein gar nichts dazu, dass ihr Land zwischen dem 60. und 70. Breitengrad liegt, daher für sechs Monate unter Eis und vielleicht auch deshalb so dünn besiedelt ist, was von Bewohnern des 47. bis 55. Breitengrades oft als phänomenale Weite empfunden wird.

Die Finnen können ferner nichts dazu, dass sie bei Pisa gewonnen haben, dass sie in einem so schönen Land wohnen, das aber im Winter völlig vereist. Es ist auch historisch ein Zufall, dass sie überhaupt in diesem Land angekommen sind, weil die anderen alle schon besetzt waren. Überhaupt wurde das Land erst vor ca. 10.000 Jahren — zumindest für den Sommer — vom Eis geräumt, damit die Finnen darin Platz haben.

Sie sind also möglicherweise die Ureinwohner Finnlands und damit schon wieder vielen anderen europäischen Nationen moralisch voraus, weil sie keine anderen Völker unterworfen oder vertrieben, sondern immer nur brav ihre Heimat verteidigt haben.

Nehmen wir England zum Vergleich. Das Wasser, das durch die Eisschmelze von Finnland (und anderen Teilen Skandinaviens) abfloss, ließ den Meeresspiegel ansteigen und schnitt die Kelten im Nordwesten Europas vom Festland ab. Sie waren nun auf einer Insel, die gerne von anderen Völkern erobert wurde. Da kamen die Römer für einige hundert Jahre und nach deren Abzug unsere Verwandten, die Angeln und die Sachsen, und metzelten munter die Kelten ab, verstärkt durch Überfälle von Skandinaviern und den Normannen, die vorher ihrerseits aus dem Norden gekommen waren.

Von den Sprachen der Kelten ließen die Eroberer kaum etwas übrig, bis auf ein paar kleine Fleckchen an den Rändern der Insel. Dafür brachten sie alle kräftig ihre eigenen Sprachen mit ein. Die ursprüngliche Mischung war vor etwa 1600 Jahren dem Althochdeutschen ähnlich. Unter dem Druck der Ereignisse verlor sie fast alle ihre Endungen und nahm noch wesentliche Teile der anderen Eroberersprachen auf. Dieses »Pidgin« ist nun die vorherrschende Weltsprache, vor allem deshalb, weil ihre eroberungserprobten Sprecher im Laufe ihrer relativ kurzen Geschichte die halbe Welt vereinnahmten. Derartige Schandtaten kann man den Finnen nicht vorwerfen.

Im Gegenteil, sie nehmen auf der Weltbühne eher die Rolle des tapferen Opfers ein. Ihre verschiedenen Stämme wurden seit dem Mittelalter von den Schweden unterjocht und befanden sich im Anschluss bis 1917 noch einmal hundert Jahre unter dem Einfluss des russischen Zaren. Manche Geschichtsbücher halten das überraschenderweise für eine gute Fügung, weil sich unter diesen Umständen am ehesten ein finnischer Nationalstaat entwickeln konnte. Vermutlich hat aber spätestens das gespannte Verhältnis Finnlands zur Sowjetunion und seine komplexe Rolle im zweiten Weltkrieg eine Freundschaft mit dem großen Braunbären verhindert.

Inzwischen reisen die wohlhabenden Nachkommen des russischen Bären in ihren stolzen Geländewagen, oft mit Stern, zum Konsumurlaub nach Finnland. Manche Bewohner des Landes tun sich trotz Finnlands erstklassigem Verständnis von Ökonomie und Völkerverständigung manchmal schwer, diese zahlenden Gäste willkommen zu heißen. Dadurch lässt sich aber die große Mehrheit der Bevölkerung und der Politiker weder die Laune noch das Geschäft verderben. Wie ein finnischer Freund einmal sagte: Wir vermarkten gern die finnische Natur. Letztendlich bleibt sie aber immer in Finnland.

25 Sechste Lektion: Die Wahrheit über den Weihnachtsmann

Es lässt sich nicht leugnen, dass meine Beobachtungen in Finnland einige wesentliche Erkenntnisse erbracht haben. Eine der wichtigsten möchte ich noch mit Ihnen teilen, bevor ich meine Berichte abschließe. Die Ergebnisse meiner Nachforschungen sind eindeutig: Weihnachten ist eine rein finnische Erfindung. Die Schweden behaupten zwar, dass es ein christliches Fest ist, das sie als gute Lutheraner angenommen haben. Das ist aber eine pure Schutzbehauptung. Propaganda, um die jahrhundertelange Unterdrückung der Finnen zu vertuschen.

In Wahrheit geht Weihnachten auf den Tag zurück, als die Götter den Finnen ihr Territorium hoch im Norden zuwiesen. Die Finnen fanden das Land zwar sehr schön. Ihnen gefielen die Weite, die Wälder und die Seen. Sie mochten aber die lange Dunkelheit nicht, denn damals gab es noch kein elektrisches Licht.

Daher setzten sie tapfer zwei Bedingungen. Erstens sollte an besonders kalten und dunklen Tagen im Norden ein schönes und interessantes Licht am Himmel scheinen, auch nachts. Und zweitens sollte am dunkelsten Tag ein großes Lichterfest gefeiert werden mit reichlich gutem Essen, vor allem gepökeltem Schweineschinken, denn die hygienischen Verhältnisse ließen das durchaus eher zu als in vielen wärmeren Regionen.

Ukkonen, der finnische Obergott, stimmte zu und übertrug seinem Stiefneffen, der sich auf dem Korvatunturi in Lappland niedergelassen hatte, die Aufgabe, mit seinen Hunderten von Wichteln zu Weihnachten für Stimmung zu sorgen.

Glücklicherweise hatte Ukkonen seinen Auftrag sehr offen formuliert. Daher hatte sein Stiefneffe einen so großen Gestaltungsspielraum, dass er dieser Aufgabe im Laufe der Jahrtausende nicht müde wurde. In den ersten Jahrtausenden verwandelte er sich in der dunkelsten Nacht des Jahres in einen Ziegenbock mit einem langen Bart und einer kleinen Glocke um den Hals. Irgendwie schaffte er es auch, für reichlich Essen und Stimmung zu sorgen.

Als die Nummer mit dem Bock nicht mehr so gut ankam, verwandelte er sich in einen vergnügten alten Mann. Nur der Bart ist geblieben. Ursprünglich war sein Aufgabengebiet auf das Land der Finnen beschränkt. Die anderen Völker, allen voran die Schweden, fanden aber auch Gefallen an dem vergnügten alten Herrn, der für gutes Essen und Stimmung sorgt und wollten auch beliefert werden. Sie nannten den Alten »Tomte«.

Die Finnen aber hatten noch den Ziegenbock in Erinnerung, und daher nennen sie den Mann mit weißem Bart noch heute Joulu-pukki (Weihnachts-Bock). Nur der Teil »Weihnacht-« ist ein Zugeständnis an die Internationalisierung ihres Bocks.

Der schwedische Name für den Weihnachtsbock beruht übrigens auf einem Missverständnis. Seine Wichtel heißen auf Finnisch nämlich »tonttu«, auf Schwedisch »tomte«. Die Schweden glauben also fälschlich, dass der Weihnachtsbock ein Wichtel ist. Aber sie sind mit dieser Annahme, die sie übrigens erst seit dem 19. Jahrhundert machen, trotzdem zufrieden.

Es war eine kluge Entscheidung des Weihnachtsbocks, der Internationalisierung zuzustimmen. Sonst wäre er möglicherweise von dem kommerziellen Mann im roten Mantel verdrängt worden, der in einer nordamerikanischen Fabrik für braunes Zuckergetränk im Saisonvertrag angestellt ist. Dieser Mann ist ein Imitat, das nicht einmal fröhlich lachen kann. Was soll denn »ho-ho-ho!« heißen? Kein Wunder, dass es seit 2007 australischen Miet-Weihnachtsmännern auf Antrag des Kinderschutzbundes verboten wurde, »ho-ho-ho!« zu rufen. Sie müssen jetzt auf »ha-ha-ha« umlernen. Dabei beruht das »ho-ho-ho!« auf einem weiteren Missverständnis. Und zwar ist es nicht das unbeholfene Lachen des Weihnachtsmannes, sondern seine Ermahnung an die Wichtel, die Arbeit nicht husch-husch zu erledigen: »Eipäs hoppuilla hommissa!«. Der rote Mann aus Amerika hatte keine fremdsprachliche Ausbildung. So verballhornte er die Ermahnung zu »ho-ho-ho!«. Dabei verblieb nur der ermahnende Tonfall, der für kleine Kinder natürlich völlig unpädagogisch ist.

Der Weihnachtsbock hat gute Verbindungen, zum Beispiel zum finnischen Postamt. Und so kommt es, dass jeder Brief von jedem Kind bei ihm auf dem Korvatunturi ankommt, auch wenn als Adresse nur »Weihnachtsmann, Finnland« drauf steht.

In den letzten Jahren hat er einen geheimen Vertrag mit Nokia geschlossen. Jetzt können alle Kinder der Welt bei ihm anrufen. Wahrscheinlich war Nokia mit diesem Vertrag beschäftigt, als Apple den iPod einführte. Nokia hatte also viel wichtigere Dinge auf dem Programm als diesen Multimedia-Unsinn.

Die Arbeitsbelastung hat auf dem Korvatunturi in demselben Maße zugenommen wie überall in der globalisierten Welt. Die neuseeländischen Kinder rufen zu völlig verrückten Zeiten an – und sprechen seltsames Englisch. Grund genug für eine spezielle Schulung der Sprachwichtel. Diese Position kann man heute nur noch mit einem Magister in Angewandter Sprachwissenschaft erlangen, per Fernstudium, denn es gibt ja auch sonst viel zu tun.

Glücklicherweise hat der Weihnachtsbock auch gute Verbindungen zur feinmechanischen Industrie, und so bauen die Ingenieurswichtel in Lizenz Industrieroboter, die in der Lage sind, die Wunschzettel der Kinder zu lesen und sie prompt umzusetzen, allerdings mit einem Touch von Handarbeit. Darauf sind die Ingenieurswichtel besonders stolz. Sonst könnte man die Geschenke ja auch gleich im Supermarkt kaufen.

Bei aller Bereitschaft zur Globalisierung und Innovation bleibt das Lieblingsgericht des Weihnachtsmannes und seiner Wichtel aber der Weihnachtsbrei, und seine Frau achtet streng auf die Einhaltung der traditionellen Rezeptur: Milchreis (3dl), Wasser (½ Liter), Milch (1 Liter), Salz (1-2 TL), Butter und vor allem eine einzige Mandel ohne Schale. Der Brei wird stundenlang bei kleiner Flamme gekocht und immer wieder umgerührt. Die Mandel wird beim Rühren unauffindbar. Erst derjenige, der sie beim Essen des köstlichen Mahls – bestreut mit Zucker und Zimt und umgeben von einem Burggraben aus Milch – im Mund wieder findet, bekommt ein bisschen von dem besonderen Glück der Wichtel übertragen. Das gilt auch für Ausländer.

Danke

Es hat mir viel Spaß gemacht, dieses kleine Buch zu schreiben. Hier konnte ich einmal ohne Statistiken und formale Regelapparate Gedanken aufschreiben – ganz anders als beim Verfassen von Fachpublikationen. Dabei kam es nicht darauf an, dass Ereignisse wahrheitsgemäß wieder gegeben wurden. Nur die kulturellen und historischen Umstände der »Berichte« sollten möglichst korrekt sein. Das Ziel bestand nicht darin, die finnische Kultur wissenschaftlich zu erklären, sondern sie aus der Sicht eines Ausländers auf dem Papier mit Leben zu füllen.

Ob das Ziel erreicht wurde, müssen Sie entscheiden. Als Schreiber konnte ich es jedenfalls nur mit der Unterstützung von Menschen aus meinem Umfeld verfolgen, denen ich an dieser Stelle herzlich danken möchte. Allen voran danke ich meiner Frau Helena für ihre vielen klugen Ratschläge bei dem Entwurf und der sprachlichen Umsetzung des Projekts »gefährliche Marmelade«. Viele »Berichte« basieren auf dem Fundus ihrer Dorfsagen. Ich möchte mich auch bei meinen Söhnen dafür bedanken, dass sie keine Einwände gegen die literarische Verwendung einiger ihrer Erlebnisse in Finnland hatten, in denen sie damals nicht unbedingt die Heldenrolle einnahmen. Aus meiner Sicht spricht dies für ihre innere Stärke.

Für ihre inhaltlichen Hinweise und ihre moralische Unterstützung danke ich Matti Rahkonen, Christiane Kührt, Jürgen M. Meisel, Renate Tebbel, Eija Ventola und Heiner Labonde. Für ihr sensibles Lektorat danke ich Jessika Kuehn-Velten. Jorma Väkiparta hat die finnischen Passagen korrigiert, wo korrektes Finnisch gefragt war. Alle verbliebenen Fehler sind beabsichtigt. Danke, Jorma. Für die Korrektheit des Italienischen in meinem Bericht über Luigi, den Antifinnen, fühle ich mich persönlich nur in sofern verantwortlich, als ich Tina Straub gebeten habe, es zu prüfen, und dafür danke ich ihr herzlich. Wieder sind alle verbliebenen Fehler meine ureigenen und somit authentisch. Anna-Maija und Otto Ojapelto sind seit vielen Jahren gute Freunde, die uns immer wieder neue Einblicke in das Leben und die gesellschaftlichen Entwicklungen in Finnland ermöglicht haben. Auch Euch herzlichen Dank.

Wenn auch meine Berichte über das ländliche Finnland einigermaßen fiktiv sind, so sind doch zwei reale Personen im Geiste darin präsent, nämlich meine Schwiegereltern. Ich hoffe, dass meine Sicht ihrer Welt ihnen gefallen hätte.

Über den Autor

Manfred Pienemann hat mit seiner finnischen Frau zwei mehrsprachige Söhne.
Er lebt mit seiner Familie in Deutschland, hat viel Zeit in Finnland verbracht
und interessiert sich auch als Linguistikprofessor für Literatur.